한눈에 새기는
찰칵
1
한국사
선사~고대

김봉수, 김진호, 신대광, 조성래 지음 | 임유 그림

BM (주)도서출판 성안당

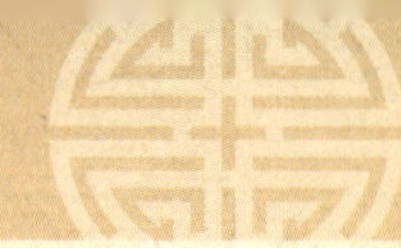

머리말

한국사를 좋아하는 친구들에게!

여러분, 안녕하세요? 여러분을 만나게 되어 무척 반갑습니다. 우리는 전국에서 역사와 답사를 좋아하는 학교 선생님들의 모임인 체험학습연구회 사단법인 모아재 선생님들입니다. 워낙 역사를 좋아해서 책을 읽고 역사 속 현장을 직접 찾아다니는 활동을 오랫동안 해왔답니다. 더불어 여러분과 같은 친구들과 함께 역사를 재밌게 배우고 즐겁게 가르치고 있어요.

"찰칵 한국사"는 역사 속 사람들의 이야기가 펼쳐지는 순간을 그림으로 풀어낸 책입니다. 이 책은 일상의 사진처럼 역사 속 인물, 문화유산, 사건들의 의미 있는 순간을 사진 찍듯이 그렸답니다. 그림 속 의미를 하나씩 찾아보면 더욱 재밌게 읽을 수 있을 겁니다.

이 책은 우리 역사를 네 부분의 시기로 나누어 인류의 시작에서 발해와 통일 신라까지를 1권, 고려 시대와 조선 전기를 2권, 조선 후기와 대한 제국기를 3권, 일제 강점기에서 최근 까지를 4권으로 구성하였습니다.

여러분!

이 책을 읽을 때에는 처음부터 읽지 않아도 좋아요. 역사란 특별한 시간과 주어진 공간에서 사람들이 빚어낸 이야기이기 때문에 내가 좋아하는 사람과 내가 관심 있는 사건부터 살펴보면 좋아요. 그러면서 점점 더 깊게, 점점 더 넓게 공부를 하게 된답니다.

우리 역사에는 수많은 사람들의 이야기가 무궁무진하게 살아 숨 쉬고 있거든요. 내가 역사 속 인물이 되어 이리저리 다니면서 짜릿한 모험도 하고, 나라를 세우기도 하고, 소중한 사람을 잃는 슬픔을 겪기도 합니다. 책을 덮고 났을 때 어제의 역사를 통해 오늘의 나는 내일을 위해 무엇을 할까 곰곰이 생각하게 된답니다.

여러분! 선생님과 함께 재밌는 역사 여행을 떠나 봐요!
그럼, 출발!

2021년 12월 역사를 좋아하는 선생님
김봉수, 김진호, 신대광, 조성래

현직 교사들이 추천한 재미있는 한국사!

집에 가자마자 유치원 다니는 아이에게 책을 보여줬는데 줄거리랑 만화가 같이 있어서 엄청 좋아했습니다. 줄거리 끝에 '아니면…' 부분이 있어서 이건 답이 뭐냐고 엄청 물어보더라구요. 요새 첫째가 유치원에서 한국을 빛낸 100명의 위인들을 배우고 나서, 역사 인물 영상 찾아보면서 역사에 엄청 꽂혀 있는데 그 내용이랑 겹치는 부분이 많아서 재미있다고 12시까지 보다가 잤습니다. 뒷 부분에 색칠할 수 있는 부분도 엄청 좋아했어요. 한동안 첫째랑 이 책을 같이 보면서 지낼 것 같습니다~!^^
    — 선부고 홍한빛이 선생님

4학년 친구들과 함께 읽어 봤어요. 어린이들이 역사 이야기를 읽다가 호기심을 가지게 하는 궁금증 포인트를 콕 짚어 속 시원하게 설명해 주는 책으로 5학년 역사 수업 입문서로도 좋을 것 같아요.
    — 초지초 김양진 선생님

이 책은 단순히 듣고 기억하는 역사에서 벗어나 어린이 스스로 과거의 모습을 상상하고 그림을 통해 정리할 수 있도록 구성되어 있습니다. 이를 통해 우리 어린이들은 역사를 공부가 아닌 놀이처럼 즐기며 우리 역사의 흐름을 이해할 수 있을 것입니다.
    — 단원고 최도연 선생님

이 책은 눈에 보이지 않는 과거 사람들의 이야기를 그림으로 이미지화해 독자들의 상상력을 자극합니다. 여기에 덧붙여 질문으로 구성된 각 장의 주제들은 상상력을 극대화시켜 작가들이 제기한 질문에 답을 하기 위해 역사책을 뒤지는 자신을 발견할 수 있을 거예요.
    — 원곡고 이율 선생님

기존의 암기 위주의 한국사 책보다 재미있는 질문으로 구성되어 있어 학생들이 한국사에 흥미를 가지고 더 찾아볼 것이라고 기대됩니다. 익살스러운 그림과 함께 정리되어 있는 등장인물 코너도 재미있어요.
    — 운산초 고혜숙 선생님

그저 가벼운 마음으로 눈이 가는 질문들을 쫓아 이리저리 역사 속 장면들을 따라 다녔을 뿐인데 머릿속에는 여행 사진들과 스토리가 선명히 남아 있는 듯하네요. 이 책은 총 4권이라고 해요. 과연 1권만 보게 될까요? 아니면…
    — 남수원초 한동원 선생님

어떤 페이지를 펼쳐도 역사의 중요하고 재미있는 그림과 글들이 눈을 사로잡고 흥미를 유발시키는 듯합니다. 차분히 읽다보면 역사의 큰 줄기들을 사건을 중심으로 이해해 나갈 수 있고 여태 몰랐던 재미난 이야기를 찾아가며 여행하듯이 역사를 알아가게 되는 책이 아닐까 싶습니다.
    — 화성 장안초 김종훈 선생님

다양한 역사적 사건과 인물들을 독특하고 재미있는 구도로 잘 담아낸 책입니다. 책장을 넘기다보면 어느새 역사 속 이야기들이 50장의 사진으로 남겨요. 역사를 처음 접하는 5학년 아이들에게 선물하고 싶은 책입니다.
    — 낙생초 손여진 선생님

역사는 지루하다는 편견을 깨주는 마법 같은 책, 너무 재미있어서 역사를 처음 접하는 어린 친구들에게 적극 추천합니다. 사진을 보며 추억하듯 이 책을 통해 많은 이들이 역사를 추억할 것입니다.
    — 강원 노천초 박승헌 신생님

이 책은 아이들에게 역사적 인물에 대한 행동뿐만 아니라 마음까지도 이해할 수 있게 해줍니다. 그래서 더 흥미진진하고 재미있습니다. 때로는 역사적 인물의 고뇌와 슬픔을 공감할 수도 있어요. 그래서 추천합니다.
    — 강원 노천초 김용희 선생님

이 책은 학생 독자뿐만 아니라 역사에 관심을 가지고 있는 많은 독자들이 궁금해할 만한 주제를 골라 사진을 남기듯 1컷 그림과 함께 소개하고 있습니다. 처음부터 읽지 않아도 된다는 책 속 안내처럼 내가 궁금한 주제부터 살펴볼 수 있는 구성으로 역사에 많은 관심과 질문을 갖고 있는 독자들의 궁금증을 해결해 줍니다. 더 나아가 설명에서 끝나는 것이 아니라 더 생각할 만한 질문을 남겨 독자들이 스스로 생각해 볼 수 있는 기회를 줍니다. 특히 그림이 역사적 내용을 알기 쉽게 직관적으로 표현하였고, 마지막 부록 컬러링은 독자의 참여로 책을 완성하는 느낌을 주는 책입니다.
    — 강원 한전초 정다은 선생님

이 책은 어려운 역사를 아주 쉽게 설명하고 독자들로 하여금 더욱 더 관심을 불러일으키는 재미를 느끼게 해 주는 책입니다. 특히 부록으로 제공되는 컬러링을 통해 미완성된 책을 독자가 직접 참여하여 함께 완성하는 느낌을 줍니다. 또 궁금한 부분부터 읽어도 되는 구성으로 부담없이 책을 읽을 수 있도록 해 주며, 이를 통해 역사 속 이야기를 부담 없이 접하게 해 줍니다.
    — 강원 한전초 정준영 선생님

'한눈에 찰칵'하고 제목처럼 역사의 한 장면을 눈에 담아둘 수 있어 어린 친구들에게도 권하고 싶습니다. 자칫 어려울 수 있는 역사 공부가 이야기와 만화로 엮여져 술술 읽히며, 각 순서에서 소개하는 등장인물을 찾아내는 재미도 쏠쏠합니다.
열린 질문으로 끝나는 이야기는 학생들의 호기심을 자극하여 관련된 역사를 더 탐색해 보거나 다른 가능성에 대해서도 생각하게 합니다. 부록 컬러링은 학생들이 만들어가는 페이지라 더 의미가 있습니다. 학생들의 눈높이에서 역사를 바라보고자 애쓴 현장 선생님들의 노력이 전해지는 책입니다.
    — 강원 남부초 강수진 선생님

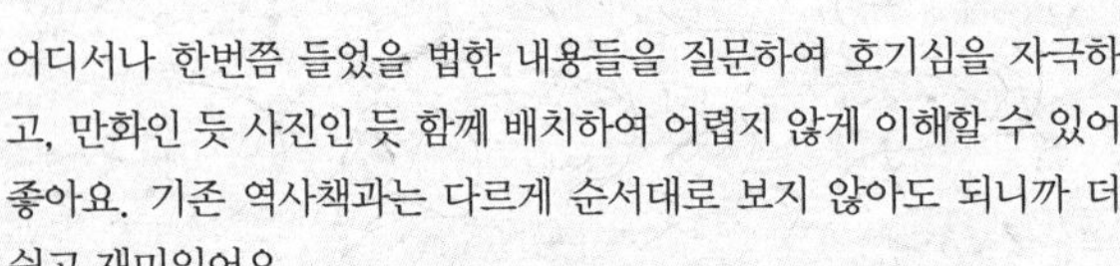

어디서나 한번쯤 들었을 법한 내용들을 질문하여 호기심을 자극하고, 만화인 듯 사진인 듯 함께 배치하여 어렵지 않게 이해할 수 있어 좋아요. 기존 역사책과는 다르게 순서대로 보지 않아도 되니까 더 쉽고 재미있어요.

— 강원 남부초 조성실 선생님

어린 학생들 눈높이에 맞춰 퀴즈 형식의 전개로 흥미를 더했습니다. 다소 과장된 삽화와 등장인물들의 부연 이야기는 학생들이 역사에 더 가까이 다가올 수 있게 합니다. 자기가 원하는 역사 궁금증부터 쉽게 다가설 수 있게 만든 특별하고 흥미로운 역사교과서입니다.

— 대구 구지초 김경태 선생님

지금까지 한국사 책들은 시대의 흐름에 따라 통사적으로 만들어져서, 아직 시공간적 개념이 제대로 형성되지 못한 아이들에게는 이야기책에 불과했습니다. "찰칵 한국사"는 아이들의 흥미에 맞게 역사적 사건들을 재해석해 놓은 역사책으로 초등학교 1,2학년부터 고학년에 이르기까지 모든 아이들이 함께 볼 수 있도록 잘 만들어진 것 같습니다.

— 대구복명초 이정욱 선생님

재미있는 에피소드를 만화 형식으로 구성하여 학생들의 흥미를 불러일으킵니다. 그리고 책의 마지막에 색칠하면서 다시 내용을 상기하는 부분은 아주 독창적이며, 피드백을 독자에게 줄 수 있을 것입니다.

— 대구 장산초 박외곤 선생님

학생들이 궁금해할 만한 내용을 쏙쏙 골라 글과 그림으로 재미있게 구성한 책! 역사 공부를 처음 시작하는 학생에게 역사의 재미를 느끼게 해 줄 수 있는 책!

— 대구 세현초 하선희 선생님

책상 위에 둔 책이 사라졌어요. 어디 갔지? 아침에 내 책상 주변을 배회하던 1학년 ♡♡이가 읽고 있네요. "♡♡"아! 다른 그림책 읽어. 역사라 어려울 텐데 무슨 내용인지 알겠어? 했더니 재미있다 합니다. 쉬는 시간 쪼르르 달려와 또 봐도 되냐고 묻습니다. 역사라고

하면 어느 정도 시간 감각이 생겨야 할 시기에 접해야 한다는 고정관념이 있었나봐요. 재미있는 그림과 적은 양의 글밥, 질문으로 시작하고 질문으로 끝나는 글이 상상력을 자극하기도 합니다. 특히 역사 속 많은 사람들이 등장하여 더 흥미롭습니다. 교사 입장에서는 역사 수업을 할 때 동기 유발용 자료로도 충분할 것 같아요.

— 대구 복명초 김량현 선생님

한국사에 대해 알고 싶은가요? 이해하기 쉽고 한눈에 들어오는 한국사를 공부하고 싶은가요? 흥미진진하게 이야기 속으로 집중하게 되는 한국사를 읽고 싶은가요? 그럼 "한눈에 새기는 찰칵 한국사"를…

— 대구 반야월초 성주연 선생님

역사를 공부하며 한번쯤 생각했을 만한 궁금한 부분들이 있습니다. 이 책은 그런 궁금증을 재미있는 그림과 함께 풀어주는 책이더군요. 선사 시대부터 우리 땅에서 벌어진 많은 일들 중에서 흥미로운 사건들을 추려서 이해하기 쉽게 풀어써 준 이야기! '아니면…'과 함께 풍부한 상상의 세계로 데려다 주는 이야기! 역사의 흐름 속에서 '왜'라는 질문을 가져본 적이 있다면 한 번 읽어보길 권합니다.

— 대구 서동초 권영성 선생님

이 책은 선사부터 현대에 이르는 한국사를 초등학생의 흥미와 수준을 고려하며 인물, 사건, 문화유산을 중심으로 풀어냈습니다. 정치사뿐만 아니라 생활사, 문화사를 망라하여 전체적으로는 통사 구성을 취하며, 두 페이지로 이루어지는 각각의 주제는 서로 독립적이면서도 유기적인 관계를 이루고 있어요. 의문문 형태의 주제명, 그 의문을 해결할 수 있도록 서술된 본문 내용, 그리고 그와 연계된 추가 질문을 통해, 학생은 흥미와 호기심을 가지고 역사를 탐구하고자 하는 의욕을 지닐 수 있습니다. 아울러 인물 및 문화유산에 대한 설명을 통해 역사적 사실을 생생하고 사실적으로 접할 수 있으며, 만화로 구성된 사건의 서술을 통해 역사적 사실을 쉽고 친근하게 이해할 수 있을 것으로 기대됩니다. 특히 주제 단위의 간결한 구성은 학생의 역사적 상상력을 자극할 수 있고 주제와 연관하여 후속 탐구 수행을 촉진할 수 있습니다.

— 서울 한천초 박종국 선생님

역사적인 순간을 그림으로 표현해 눈에 쏘~옥, 머리에 쏘~옥 들어온답니다. 재미있고 재치도 있으나 그것에 그치지 않고 역사적 고증과 핵심 설명이 잘 되어 있으며, 캐릭터 소개 또한 역사적 순간을 이해하는 데 많은 도움이 됩니다. 역사가 어렵거나 지루하다고 생각하는 친구들에게는 역사에 대한 흥미와 관심을 느낄 수 있게 해 주고 역사를 좋아하는 친구들에게는 더 깊게 공부할 수 있는 안내자의 역할을 하는 책이라고 생각합니다.

— 서울 구일초 양은희 선생님

역사의 한 장면을 사진 찍듯이 머릿속에 쏙쏙 들어오도록 어린이의 눈높이에 맞춰 만화로 풀어낸 점이 돋보입니다. 순서대로 읽지 않아도 되고, 흥미와 관심이 가는 주제를 먼저 읽어도 되니 부담 없이 책을 읽으면서 역사에 대한 지식과 흥미를 가질 수 있게 도와주는 역사책이라고 할 수 있습니다.

— 서울 금나래초 김현애 선생님

어렵고 지루한 역사를 쉽고 재미있게 공부할 수 있는 역사책! 한 가지 질문을 읽고 한 장면으로 요약된 그림을 보다 보면 만화책을 보는 것처럼 쉽게 이해되고 옛날이야기를 듣는 것처럼 재미가 있습니다. 그리고 각 장면마다 등장하는 인물을 '숨은 그림 찾기'하며 내용을 읽다보면 한국사의 흐름을 저절로 알게 되는 역사책입니다

— 서울 인헌초 박순정 선생님

"찰칵 한국사"는 막연하게 느껴질 수 있는 한국사에 생동감을 더해 줄 책입니다. 재밌는 질문으로 구성된 차례가 하나하나 독자의 호기심을 깨워주는 등불 같습니다.

— 이호중 박강연 선생님

중요한 한국사 명장면을 그림과 함께 보면서 한눈에 이해할 수 있어서 좋습니다. 그림에 숨겨진 역사속 의미를 찾아보는 재미도 놓치지 마세요!

— 만정중 김세은 선생님

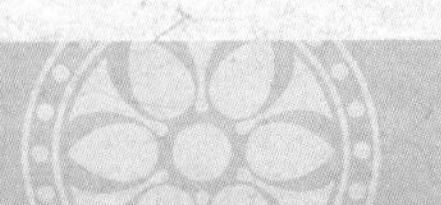

이 책은 우리 역사에서 만날 수 있는 여러 사건과 인물들의 이야기를 한 장의 사진으로 표현했습니다. 역사적 상상력과 흥미를 불러일으키게끔 구성된 이 책을 통해 분명 아이들은 역사와 재미 둘 다를 얻을 것입니다.

– 문원중 홍상의 선생님

"한눈에 새기는 찰칵 한국사"는 방대한 역사의 순간순간을 머릿속에 한 장의 그림으로 떠올릴 수 있게 제작된 책입니다. 학생들의 호기심을 자극하는 질문들, 다양한 역사적 인물의 소개 등으로 학생들이 한국사를 흥미 있게 접할 수 있습니다.

– 윤슬중 강민석 선생님

이 책은 단편적인 역사 사실을 나열하는 게 아니라, 한국사의 흥미로운 사건에 대해 상상력 넘치는 질문을 던집니다. 아이들은 질문의 답을 역사 현장을 사진처럼 찍어낸 재밌는 그림 속에서 찾아갑니다. 그 속에서 아이들은 역사에 대한 흥미로운 관심을 가지게 될 거예요. 역사에 대한 깊은 생각을 하게 만들 징검다리 같은 책! 아이들과 함께 즐거운 역사 여행을 떠나 보세요!

– 부산진초 박동현 선생님

시간 흐름 순으로 역사 속 흥미 있는 사건을 짧은 이야기와 친근한 캐릭터 그림으로 소개하고 있습니다. 이 책을 보며 '정말일까?', '이렇게 생각해 볼 수 있는 거야?' 아이들이 재미있고 다소 황당할 수도 있는 질문을 해도 괜찮을 거라는 용기를 주는 책, 어떤 상상력도 ok, 어떤 질문도 ok, 질문이 꼬리를 물고 스스로 답을 궁리할 수 있는 씨앗이 될 수 있는 책입니다.

– 부산 전포초 이동훈 선생님

추천인

이철환	경기 안산디자인문화고등학교	김량현	대구 복명초등학교
최도연	경기 안산 단원고등학교	이정욱	대구 복명초등학교
이을	경기 안산 원곡고등학교	하선희	대구 세현초등학교
허승권	경기 화성 비봉고등학교	권영성	대구 서동초등학교
홍한빛이	경기 안산 선부고등학교	박광수	대구 삼영초등학교
이성훈	경기 광명 광문고등학교	박외곤	대구 장산초등학교
송동근	경기 화성 나루고등학교	박동현	부산 부산진초등학교
신유준	경기 용인 상현고등학교	장은수	부산 개원초등학교
김선우	경기 부천북고등학교	이동훈	부산 전포초등학교
김세은	경기 안성 만정중학교	장연지	부산 화명초등학교
홍상의	경기 과천 문원중학교	조석현	부산 명지초등학교
박강연	경기 안산 이호중학교	최혜정	부산 하남초등학교
강민석	경기 하남 윤슬중학교	양용철	경남 밀양초등학교
고혜숙	경기 오산 운산초등학교	최준	경남 거제용소초등학교
한동원	경기 수원 남수원초등학교	박선주	경남 부북초등학교
손여진	경기 성남 낙생초등학교	박현주	경남 밀주초등학교
김종훈	경기 화성 장안초등학교	조윤주	경남 창남초등학교
김도한	경기 수원 곡선초등학교	고환수	경남 한려초등학교
최재혁	경기 수원 남창초등학교	강수진	강원 춘천 남부초등학교
국찬석	경기 수원 신영초등학교	조성실	강원 춘천 남부초등학교
이연민	경기 수원 신영초등학교	손보균	강원 삼척초등학교
윤진희	경기 수원 남창초등학교	박정용	강원 섬강초등학교
박창우	경기 수원 연무초등학교	정준영	강원 한전초등학교
권예진	경기 오산 필봉초등학교	정다은	강원 한전초등학교
우미성	경기 수원 신풍초등학교	김용희	강원 홍천 노천초등학교
정혜순	경기 수원 연무초등학교	박승현	강원 홍천 노천초등학교
이미혜	경기 수원 연무초등학교	이은빛	강원 내면고등학교
문경숙	경기 화성 송화초등학교	김세용	강원 묵호고등학교
이혜숙	경기 화성 상봉초등학교	강수미	서울 금나래초등학교
문은홍	경기 수원 신영초등학교	김현애	서울 금나래초등학교
김민지	경기 화성 학동초등학교	양혜경	서울 금나래초등학교
신수경	경기 수원 선행초등학교	배옥영	서울 문백초등학교
정수영	경기 수원 일월초등학교	양은희	서울 구일초등학교
신상원	충남 서산중학교	박순정	서울 인헌초등학교
최승우	세종특별자치시 세종예술고등학교	신은희	서울 항동초등학교
오경택	전북 성심여자고등학교	이지영	서울 정덕초등학교
성주연	대구 반야월초등학교	김옥진	서울 성북초등학교
김경태	대구 구지초등학교	박종국	서울 한천초등학교

차례

01 공룡과 사람이 싸우면 누가 이길까?

덩치 크고 힘 쎈 공룡이 이겼을까요? 아니면 도구를 사용하는 지혜로운 사람이 이겼을까요? 결과는 두둥!!! 둘은 싸운 적이 없답니다. 아니 싸울 수가 없었습니다.

최초의 생명은 바다에서 탄생했습니다. 그리고 시간이 지나면서 육지와 바다, 그리고 하늘까지 다양한 생물로 가득해졌습니다. 공룡은 1억 년 전에 지구에 살았습니다. 그리고 사람은 공룡이 지구에서 멸종한 뒤 수천 만 년 뒤에 등장합니다. 지구에서 사람이 없어진다면 모든 생명이 사라질까요? 아니면...

등장인물

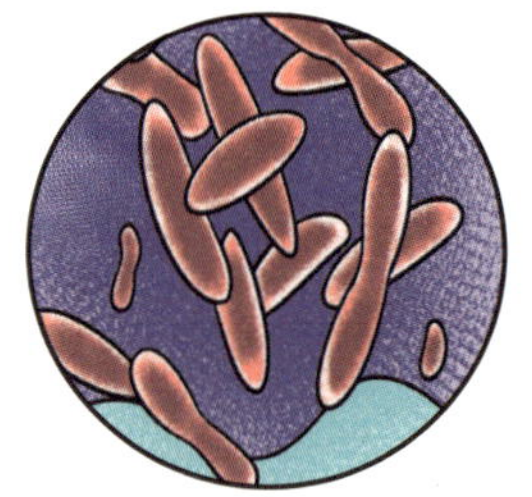

박테리아
지구에 등장한 최초의 생명체.

틱타알릭
어류와 육상 동물의 중간 단계 동물. 개구리와 같은 양서류이다.

티라노사우루스
대표적인 육식 공룡으로 영화에 자주 출현하는 슈퍼스타.

45억 년 전 우주 대폭발을 영어로 빅뱅이라고 한다구!
30억 년 전쯤 최초의 생명인 박테리아가 태어났지.
생명은 바다에서 먼저 생겨서 육지로 퍼졌어.
우리가 좋아하는 공룡은 1억년 전쯤 지구에서 살았다구.
지구가 지금보다 태양에서 멀었다면 꽁꽁 얼었을 것이고 가까웠다면 불에 타버렸을 걸?

02 인간이 똥꼬병과 허리병으로 고통받는 까닭은?

최초의 인류는 700만~500만 년 전 쯤 아프리카에서 출현했습니다. 두 발로 선 인간은 자유로운 두 손을 이용하여 도구를 만들고 멀리 미래를 바라보는 눈을 갖고 조금씩 발전합니다. 하지만 대신 꼿꼿하게 서 있다 보니 허리에 무리가 가고, 엉덩이에 힘이 들어가면서 허리병과 똥꼬병으로 고통받게 되었지요. 지혜와 편리함을 얻은 대신 고질적인 병을 얻게 된 겁니다. 그런데 고릴라는 똥꼬병이 있을까요? 아니면…

등장인물

오스트랄로피테쿠스

최초의 인류. 남쪽의 원숭이라는 뜻이다.

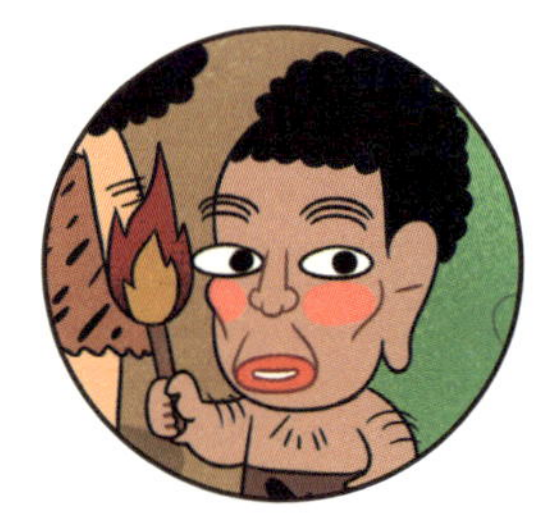

호모에렉투스

불과 언어를 사용한 인류. 100만 년 전쯤 등장했다.

호모사피엔스

현재 우리 인류의 조상. 가족과 친구의 죽음을 슬퍼할 줄 아는 따뜻한 마음씨를 가졌다.

흑인종, 황인종, 백인종

피부색은 다르지만 한 조상에서 갈라진 모두 같은 사람이다.

나는 700만~500만 년 전쯤 아프리카에서 처음 나타난 인류야. 나의 특징은 서서 다니는 거라구.
우리들의 직접 조상인 호모사피엔스는 죽음을 슬퍼하여 무덤을 만들 줄 알았어.
꼿꼿하게 서 있다 보니 허리에 무리가 가고, 엉덩이에 힘이 들어가서 허리병과 똥꼬병이라는 고질병을 얻게 되었어.
지구에 살고 있는 다양한 인종들은 피부색만 다를 뿐 모두 같은 조상을 둔 사람이야.
나는 불과 언어를 처음 사용한 호모에렉투스야.

03 구석기 사람이 돌을 깨다 머리가 깬 까닭은?

한반도에 최초로 등장한 인류는 뗀석기를 사용한 구석기 사람이었습니다. 그들은 돌멩이를 깨뜨려서 원하는 모양의 뗀석기를 만들어 사용했습니다. 그들은 뗀석기로 나무를 자르고 동물을 사냥했습니다. 하지만 원하는 형태의 석기를 만드는 것은 쉽지 않았어요. 그래도 머릿속에 떠오른 모양을 실제로 만드는 창의력이 있었기에 지금 복잡한 도구를 사용할 수 있게 된 것이지요. 그런데 뗀석기를 잘 만드는 구석기 사람만 살아남았을까요? 아니면...

등장인물

전곡리 구석기 사람
주먹도끼를 제작하여 사용한 구석기 사람.

맘모스
한 마리 잡으면 복권 당첨보다 더 기뻐했던 코끼리의 조상님.

무엇을 만들 생각이야?
주먹도끼를 만들까 해.
나무를 자르거나 다듬을 때 완전 좋은 걸!
고기를 자르기도 편리하네!
난 이 동굴이 좋은 데 왜 이사를 가야 해요?
여기는 여름과 가을에는 먹을거리가 많지만 봄과 겨울에는 먹을거리가 없어. 그래서 다른 곳으로 이사해야 해.

04 신석기 사람이 도토리를 놓고 다람쥐와 싸운 까닭은?

신석기 사람들이 주로 먹었던 음식은 도토리예요. 다람쥐는 도토리를 바로 먹거나, 땅에 묻어둡니다. 신석기 사람들은 도토리를 저장하는 토기를 만들었어요. 그리고 도토리의 떫은 맛을 없애려고 토기에 물을 넣고 도토리를 넣어 떫은 맛을 뺐어요. 떫은 성분을 뺀 도토리를 갈돌과 갈판을 이용하여 가루로 만든 후 이것을 반죽하여 구워서 맛있게 먹었어요. 그런데 도토리를 뺏긴 다람쥐는 쫄쫄 굶었을까요? 아니면…

등장인물

신석기 사람

미래를 위해 현재를 준비할 줄 알았던 사람들. 농사와 목축을 시작했다.

다람쥐

도토리와 밤을 완전 좋아한다. 입 속에 열매를 가득 넣었다가 땅 속에 몰래 묻어둔다. 하지만 몰래 묻어둔 곳이 너무 많아서 찾지 못하는 먹이가 많다.

빗살무늬 토기

신석기 시대 대표적인 토기. 끝이 뾰족해서 평평한 바닥에서는 서지 못한다.

움집

신석기 사람들이 살던 집. 원형이나 사각형으로 땅을 파고 기둥을 세운 다음 지붕을 덮어 만들었다.

돌을 깨뜨리는 것보다 갈아서 만든 석기가 훨씬 편리해.
땅을 파고 움집을 지으니 여름에 시원하고 겨울에 따뜻해서 좋아.
봄에 씨앗을 뿌렸으니 가을에는 곡식을 거둘 수 있을 거야.
토기를 만드니 음식을 저장하고 요리하는 일이 너무 편하다구.
돼지야, 많이 먹구 커서 새끼를 많이 낳아야 된다.

05 지배자가 청동 거울을 가슴에 매단 까닭은?

청동기 시대 거울은 내 얼굴이 얼마나 예쁜지 보려고 사용하지 않았어요. 지배자들이 자신들의 권위를 높이기 위해 사용한 거예요. 햇빛이 쨍쨍한 날, 하늘에 제사를 지내러 높은 단 위에 올라간 지배자는 청동 거울을 가슴에 차고 있어요. 햇빛이 청동 거울에 비치면 번쩍번쩍 마치 하늘에 떠있는 태양이 지배자 가슴에 있는 것처럼 빛을 냈지요. 그런데 사람들은 지배자가 정말 하늘의 뜻을 받은 사람이라고 생각했을까요? 아니면…

등장인물

청동기 시대 지배자

하늘에 제사 지내는 일을 담당하며 다른 사람을 자기 마음대로 부려먹는 힘을 가졌다. 하늘의 후손이라서 다른 사람들하고는 다르다는 착각에 빠져 있다.

청동 거울

구리와 주석 등을 잘 녹여 만든 거울. 처음 만들었을 때는 황금빛으로 빛나지만 녹이 슬면 파랗게 변한다.

고인돌

지배층의 무덤으로 알려진 유적. 우리나라는 세계에서 고인돌이 가장 많은 나라이다.

청동기 시대에는 지배자들이 청동 검과 청동 거울 등으로 치장하고 하늘에 제사를 지내기도 했어.
고인돌은 지배층의 무덤으로 알려져 있어.
싫거든!
너희 부족의 식량을 내놔라!
수확한 뒤에는 내 창고에 저장해 둬야지!

06 곰과 호랑이가 동굴에서 마늘과 쑥을 먹는 까닭은?

곰과 호랑이는 하늘에서 내려온 환웅에게 사람이 되게 해달라고 빌었어요. 환웅은 이들에게 동굴에서 마늘과 쑥을 먹으며 기도하면 사람이 된다고 했지요. 호랑이는 참지 못하고 동굴에서 뛰쳐나갔지만, 곰은 묵묵히 참고 마늘과 쑥을 먹었어요. 21일 후 곰은 변하여 여자가 되었습니다. 환웅은 곰이 변한 웅녀와 결혼했고, 둘 사이에서 태어난 단군왕검이 고조선을 세웠습니다. 그런데 21일 만에 사람이 된다고 환웅이 말했다면 호랑이는 참았을까요? 아니면...

등장인물

환웅

하느님의 아들. 태백산 천단수 밑으로 내려와 사람들을 다스렸다. 농사를 잘 짓는 데 도움을 주려고 바람신, 구름신, 비신 등 부하들을 데려왔다.

호랑이

숲에서는 이길 동물이 없는 강한 동물. 다만 참을성이 부족해서 동굴에서 뛰쳐나가 사람이 될 기회를 놓쳤다. 하지만 대한민국에서 열린 두 차례 올림픽에서 곰을 제치고 마스코트로 뽑히는 영광을 차지했다.

곰

꿀과 물고기를 좋아하는 동물. 사람이 되고 싶어 마늘과 쑥만 먹고 여자로 변신하는 데 성공했다.

단군

환웅과 곰이 변한 웅녀 사이에 태어난 아들. 자라서 고조선을 세웠다.

고조선 8조법
◆ 사람을 죽이면 즉시 사형에 처한다.
◆ 남을 다치게 한 사람은 곡식으로 보상한다.
◆ 남의 물건을 훔친 사람은 노비로 삼는다. 만약 죄를 벗으려면 50만 전을 내야 한다.
노비
쑥과 마늘을 21일 동안 먹어서 인간이 될 수 있었어.
아사달을 도읍으로 고조선을 세운다!
고조선
도저히 못 먹겠어!
아사달

위만이 준왕의 뒤통수를 친 까닭은?

중국 연나라에서 위만이 무리를 이끌고 고조선의 준왕을 찾아 왔어요. 준왕은 위만에게 변경의 수비를 맡겼지요. 하지만 위만은 힘을 키워 자신을 받아준 준왕을 몰아내고 고조선의 왕이 되었습니다. 위만은 철기 문화를 발전시켰습니다. 하지만 고조선과 사이가 나빠진 한나라가 고조선을 쳐들어왔어요. 고조선 사람들은 1년 넘게 용감히 싸웠지만 결국 멸망하고 말았습니다. 그런데 쫓겨난 준왕은 고조선에서 그냥 살았을까요? 아니면...

등장인물

위만

중국 연나라 사람으로 고조선에 들어와 준왕을 몰아내고 왕의 자리에 올랐다.

준왕

믿었던 위만에게 고조선의 왕위를 빼앗기고 한반도 남쪽으로 내려갔다. 준왕과 그 부하들은 삼한의 문화를 발전시켰다.

한나라 황제(무제)

강력한 대외 정복 활동으로 고조선과 멀리 베트남의 남비엣을 멸망시켰다.

위만이 준왕을 몰아내고 고조선의 왕이 되었어.
고조선
진
왕!
위만 조선은 한반도 남쪽의 진, 중국의 한나라와 무역을 하여 이익을 보았지.
한
위만 조선은 한나라의 침략을 받아 멸망했어.

08 부여 왕이 손이 발이 되도록 기우제를 지내는 까닭은?

부여 왕은 힘이 약했어요. 그래서 전쟁에 지거나 가뭄이 드는 등 나라에 위기가 닥치면 그 책임을 지고 왕의 자리에서 쫓겨나거나, 심지어 목숨을 잃기도 했습니다.

부여는 5개 부족이 서로 연맹을 맺어 세운 나라입니다. 왕은 5개 부족을 대표하지만 각 부족은 왕이 다스리지 못하고 각각의 부족장들이 따로 다스렸습니다. 그리고 마가, 우가, 저가, 구가 등 가축의 이름을 딴 관리들이 있었습니다. 그런데 감옥에 갇힌 죄수들도 축제를 즐겼을까요? 아니면...

부여의 힘 약한 왕

다섯 부족의 대표 중에서 뽑혔다. 하지만 나라에 안 좋은 일이 생기면 책임을 져야 했다.

마가, 우가, 저가, 구가

부여의 각 부족을 대표하는 관직 이름. 부여에서 기르는 가축(말, 소, 돼지, 개) 이름을 땄다.

축제를 즐기는 부여 사람들

12월에 영고라는 축제가 열리면 하늘에 제사를 지내고 춤과 노래를 즐기며 놀았다. 이때 죄수들도 풀려나서 함께 즐겼다.

부여의 특산물
주옥
모피
말
부여의 관직
마가
우가
저가
구가
가축 이름을 딴 관직 이름이 있었어.
12월에 하늘에 제사를 지내고 함께 축제를 벌였는데, 이 축제를 영고라고 불렀어.
비가 안 오면 왕의 목을 치고 새로운 왕을 세웁시다.
부여는 왕이 있었지만 왕의 권한은 약했어.

09 동예에서 다른 부족 사람들이 금 넘기를 기다리는 까닭은?

한반도 동쪽, 지금의 함경도와 강원도 북쪽의 옥저에는 집에서 결혼을 정하고 신랑 집에서 신부가 될 여자를 키우는 민며느리제가 있었어요. 옥저 아래에 자리 잡은 동예에는 책화라는 풍습이 있었어요. 다른 부족 사람이 자기 부족의 경계를 넘으면 잡아두고 노비와 소, 말로 배상하게 하는 풍습이었지요. 여러분 아버지와 어머니가 초등학생일 때 자주 벌어지던 모습하고 비슷하네요. 요즘은 초등학생들도 안하는 아주 쩨쩨한 풍습이에요. 그런데 부족 간의 경계는 줄을 그어 표시했을까요? 아니면...

등장인물

민며느리
집에서 어른들이 약속한 결혼에 의해 신랑 집에서 생활하는 옥저의 여자아이.

동예 사람들
'무천'이라는 제천 행사를 신나게 즐기는 사람들. 하지만 다른 부족 사람들이 경계를 침범하면 잡아가는 쩨쩨한 사람들.

부여
고구려
백두산
옥저
동예
한반도 북쪽과 만주 지역에는 고구려, 부여, 옥저, 동예가 있었어.
고구려 왕에게 우리 옥저의 특산물인 해산물과 소금을 바치러 가야지.
우리 동예는 과하마, 반어피, 단궁을 바쳐야지.
다른 부족이면서 감히 경계를 침범하다니!
옥저에는 민며느리제라는 결혼 풍습이 있었어.
27

삼한의 젊은이들이 등에 나무 막대를 달고 다니는 까닭은?

중국 기록에는 삼한의 젊은이들이 등에 가죽을 뚫고 줄을 묶어 나무 막대를 매달고 다닌다고 했습니다. 그리고 아파하지도 않는다고 신기해 했어요. 하지만 이것은 삼한 사람들이 지게에 짐을 싣고 다니는 것을 잘못 본 것입니다. 편견을 갖고 보면 평범한 모습도 이상하게 보이는 것이랍니다. 그런데 중국에는 지게가 있었을까요? 아니면…

등장인물

천군

삼한에서 제사를 담당하는 사람. 하늘의 뜻을 전하는 사람이라고 여겨져 사람들의 존경을 받았다.

신지, 읍차

삼한에서 자기 부족을 다스리는 부족장 세력.

솟대

소도에는 신성한 장소라는 표시로 꼭대기에 나무나 돌로 만든 새 조각을 올린 나무 대를 세웠다. 이것이 오늘날 솟대의 기원이라고 한다.

한반도 남쪽에는 세 개의 한이 사이좋게 살았어.
진한
마한
변한
덩이쇠
소도라는 신성 지역이 있어서 죄인이 들어가면 처벌할 수 없었고, 천군은 하늘에 제사 지내는 일을 담당했지.
5월과 10월에 함께 모여 하늘에 제사를 지내고 축제를 즐겼어!
신지
읍차
신지, 읍차 등의 부족장 세력이 자기 부족을 다스렸어.
29

주몽과 부하들이 잉어와 자라를 밟고 강을 건너는 까닭은?

주몽이 북부여 금와왕의 왕자들에게 쫓기고 있습니다. 그런데 하필 앞에 강을 만났는데 건널 수 있는 다리가 없네요. 주몽은 "나는 하늘님의 아들 해모수의 아들이요, 강의 신 하백의 외손자다. 적들이 쫓아오니 나를 위해 다리를 놓아다오."라고 외쳤어요. 그러자 물 속에서 수많은 잉어와 자라가 떠올라 다리를 만들었습니다. 주몽 일행은 무사히 강을 건넜고, 졸본 지역에 고구려를 세웠습니다. 그런데 주몽을 추격하던 북부여 왕자들은 그냥 돌아갔을까요? 아니면...

등장인물

주몽

유화부인의 아들로 알에서 태어났다. 활을 잘 쏘고 완전 똑똑한 엄친아.

금와왕

북부여 왕으로 어렸을 때 금 개구리 모양을 했었다. 7명의 아들이 있다.

유화부인

해모수의 매력에 넘어갔다가 집에서 쫓겨나 북부여 금와왕의 보살핌 속에 주몽을 낳는다.

데릴사위

사랑하는 여인과 결혼하기 위해 여자 집 옆에 서옥이라는 집을 짓고 몇 년째 살고 있는 멋진 남자.

주몽은 활을 잘 쏘고 총명해서 금와왕의 사랑을 받았지만 금와왕의 왕자들은 주몽을 시기했지.
고구려의 첫 도읍이 있는 졸본성(오녀산성)은 깎아지른 절벽 위에 있어.
고구려
알에서 깨어난 주제에 잘난 척하기는…. 흥!
금와왕의 아들들이 주몽을 죽이려 하자 부하들과 함께 남쪽으로 피신했어. 그리고 고구려를 세웠지.
서옥
고구려에서는 남자가 결혼을 하려면 결혼할 여자 집 옆에 서옥이라는 집을 짓고 살아야 하는 풍습이 있었어.

서라벌 지역에 여섯 마을이 있었는데 하루는 각 마을 촌장이 모여 왕을 뽑기로 의논하고 있었어요. 그때 나정 우물가에 신비한 기운이 서린 것을 보고 갔더니 흰말이 있었답니다. 여섯 촌장이 다가가자 흰말은 하늘로 오르고 그곳에는 큰 알이 한 개 남겨져 있었어요. 알이 깨지며 사내아이가 나왔는데 촌장들은 그 아이에게 박혁거세라는 이름을 지어주고 왕으로 모셨습니다. 그런데 박혁거세가 깨고 나온 알은 흰말이 낳은 것일까요? 아니면…

등장인물

서라벌 6촌장

신라가 세워지기 전 서라벌 지역 여섯 마을을 각각 다스렸던 6명의 촌장. 눈과 귀가 밝아 멀리서 나정에 서린 기운을 보고, 말 울음 소리를 듣고 찾아 왔다.

박혁거세

알에서 태어난 아이로 신라의 첫 번째 임금이 된다. 농사와 누에치기를 신라 사람들에게 권장했다.

알영

박혁거세의 부인. 알영 우물가에서 닭 머리를 한 용의 겨드랑이에서 태어났다. 당시에는 입술에 닭의 부리가 있었는데 깨끗이 씻으니 떨어져 나가서 예쁜 얼굴이 되었다.

서라벌의 여섯 촌장이 나라를 다스릴 왕이 있었으면 하고 고민하고 있었어.
누구를 왕으로 뽑을까?
우물가의 계룡 옆구리에서 태어난 알영과 박혁거세는 결혼을 했지!
서라벌의 여섯 촌장이 나정 우물가에 갔더니 흰말이 하늘로 날아간 자리에 남겨진 알이 있었어.
여섯 촌장들은 알에서 태어난 아이에게 박혁거세라는 이름을 지어주고 왕으로 추대했어.

소서노가 두 아들을 데리고 궁을 나선 까닭은?

고구려를 세운 주몽은 소서노와 결혼하여 두 아들을 낳았습니다. 하지만 주몽은 부여에 임신한 부인을 두고 온 유부남이었어요. 부여에서 태어난 아들이 주몽을 찾아오자 주몽은 그를 왕위 계승자로 임명했습니다. 소서노는 자신의 두 아들을 데리고 주몽과 헤어져 새로운 미래를 만들기 위해 남쪽으로 내려왔어요. 그런데 소서노는 다른 남자와 다시 결혼했을까요? 아니면…

등장인물

주몽

고구려를 세운 왕. 새로 결혼해서 두 아들을 두었지만, 전 부인 사이에서 태어난 유리가 찾아오자 그를 왕위 계승자로 삼았다.

소서노

주몽을 도와 고구려를 건국하고 부인이 되어 비류와 온조 두 아들을 낳았다.

비류

소서노의 큰아들. 미추홀(지금의 인천)에서 나라를 세웠지만 농사가 되지 않아 실패했다.

온조

소서노의 작은아들. 한강 주변에 나라를 세웠다. 처음에 십제라고 했으나 형의 부하들이 들어오면서 나라 이름을 백제로 고쳤다.

주몽이 유리를 왕위 계승자로 임명하자 소서노는 황당해 했어.
온조는 한강 유역에 자리를 잡고 나라를 세웠어!
비류는 미추홀로 옮겨서 나라를 세웠지만 농사가 되지 않아 망하고 말았어.
우리가 새로운 나라를 만들자!
형님의 사람들까지 받아들였으니 나라 이름을 '백제'라 할 것이다.
백제
소서노는 자신의 두 아들을 데리고 주몽과 헤어져 남쪽으로 내려갔어.
온조는 비류의 부하들을 받아들여 나라를 키우고 이름을 백제로 바꿨어.

14 제사에 쓸 돼지는 어디로 갔을까?

고구려 2대 유리왕 때 어느날 제사용 돼지가 도망갔습니다. 제사를 담당하던 설지가 돼지를 찾은 곳은 산이 깊고 험하지만 농사 짓기 좋은 평야를 낀 국내성 지역이었습니다. 설지는 왕에게 국내성으로 도읍을 옮길 것을 건의했어요. 그런데 도망간 돼지는 제사상에 올랐을까요? 아니면...

유리왕

고구려 2대 왕. 제사에 쓸 돼지를 사람보다 소중히 여긴다. 고구려의 수도를 국내성(지금의 중국 지린성 지안)으로 옮겼다.

설지

제사를 준비하는 임무를 맡았다. 2년 전 제사 준비를 맡았던 사람 2명이 돼지를 잘 돌보지 못해 사형을 당했기 때문에 바짝 얼어있다.

국내성과 환도산성

고구려는 평상시에 도읍으로 사용한 국내성과 적이 쳐들어오면 숨어서 적과 싸울 수 있도록 산 위에 세운 환도산성의 2성 체제로 운영했다.

하늘에 제사 지낼 때 사용할 돼지가 도망을 가서 화가 난 유리왕은 설지를 시켜 돼지를 찾아오라고 했어.
고구려
환도산성
고구려 사람들은 평상시에는 국내성에 살다가 적이 쳐들어오면 산 위의 환도산성에 올라가 적의 공격을 물리쳤어.
설지가 돼지를 찾은 곳은 방어에 유리하고 농사 짓기도 좋은 곳이었어.

15 소수림왕이 중국에서 온 승려를 반갑게 맞은 까닭은?

고구려 소수림왕은 중국 전진으로부터 불교를 받아들여 백성들 마음을 하나로 모았습니다. 또 학교인 태학을 세워 나라를 이끌 인재를 길렀으며, 율령을 반포하여 나라의 기틀을 정비했습니다. 그런데 고구려 학생들은 태학에 가는 것을 좋아했을까요? 아니면...

등장인물

소수림왕

고구려 17대 왕. 고국원왕이 백제와 싸우다 전사한 후 왕 위에 올랐다. 나라의 힘을 기르기 위해 고민하는 고민남.

순도

중국에서 고구려로 온 스님. 소수림왕이 반겨 맞아주자 완전 기뻐했다.

관리들

율령이 반포되면서 관직의 높낮이와 할 일이 정확해져서 일하기 편해졌다.

백성들

율령 반포로 저지른 죄에 따라 받을 형벌을 알게 되어 나쁜 짓을 하지 않겠다고 결심했다.

전진의 승려 순도가 불경과 불상을 가지고 오자 소수림왕이 반갑게 맞이했어.
태학에서는 고구려의 미래를 이끌 젊은이들이 열심히 학문과 무예를 닦았지.
태학
우리 고구려가 강하고 살기 좋은 나라가 되게 해 주세요.
율령
율령이 반포되어 나라의 체제가 정비되었어. 관리들은 할 일과 직위의 높낮이가 명확해졌고, 죄에 따라 받을 처벌이 정해져서 왕과 귀족들이 함부로 백성을 벌주는 일도 줄어들었어.
39

신라 사신이 헐레벌떡 광개토 대왕을 찾아온 까닭은?

백제와 왜, 그리고 가야 연합군이 신라를 공격했습니다. 신라 내물왕은 고구려 광개토 대왕에게 급히 사신을 보내어 도움을 요청했어요. 광개토 대왕은 5만 명의 군대를 보내 신라를 침입한 왜군을 무찔렀습니다. 그런데 광개토 대왕이 보낸 군대는 전쟁이 끝난 후 고구려로 돌아갔을까요? 아니면…

등장인물

광개토 대왕

이름 담덕. 18세에 왕위에 올라 고구려 영토를 크게 넓힌 우리나라 최고의 땅따먹기 챔피언.

내물왕

신라 왕. 백제와 왜, 가야 연합군이 신라에 침입하자 광개토 대왕에게 도움을 요청했다.

왜군

백제와 친하게 지내며 함께 신라를 공격했다. 하지만 광개토 대왕이 보낸 군대에 쫓겨 바다 건너 일본으로 잽싸게 도망갔다.

고구려
고국양왕을 이어 18세에 왕위에 오른 광개토 대왕은 백제를 공격해 남쪽으로 영토를 넓혔어.
숙신
동부여
광개토 대왕이 북쪽을 공격하여 숙신과 동부여를 정복했어!
백제
영락
백제와 왜, 가야 연합군의 공격을 받은 신라 내물왕이 도움을 요청하자 고구려는 5만의 군대를 보내줬어.
내물왕
내물왕
가야
왜
광개토대왕릉비
우리 아들 장수왕이 내 업적을 새긴 비석을 이렇게 크게 만들어 주었다네. 하하하!

17 고구려 귀족들이 평양으로 가는 이삿짐을 싸는 까닭은?

고구려 광개토 대왕 뒤를 이어 왕위에 오른 장수왕은 수도를 국내성에서 평양성으로 옮겼습니다. 이는 국내성의 귀족 세력을 억눌러 왕권을 강화하고 밖으로는 남쪽으로 영토를 확장하기 위해서였습니다. 그런데 평양 땅값은 올랐을까요? 아니면…

등장인물

장수왕

97세까지 장수한 고구려 왕. 아들인 조다가 먼저 죽어서 장수왕이 죽은 후 손자가 왕위에 올랐다.

개로왕

장수왕의 공격으로 수도인 한성을 빼앗긴 백제 왕. 도망가다 고구려군에 잡혀 처형되었다.

국내성
장수왕
개로왕
평양성
중주고구려비
97세까지 오래 살아서 아들 조다가 먼저 죽고 손자인 문자명왕이 왕위를 이어 받았어.
평양 천도를 한다! 서둘러!
수도를 평양으로 옮긴 장수왕은 백제를 공격해 백제 도읍 한성을 함락하고 한강 유역을 차지했어.
장수왕은 남한강까지 영역을 넓히고 충주 고구려비를 세웠어.

18 고이왕이 관리들의 옷 색깔을 정한 까닭은?

백제 고이왕은 율령을 반포하여 체제를 정비했습니다. 또 관리들의 옷색깔을 정해서 관리들이 서로 지위의 높고 낮음을 알 수 있게 했습니다. 그런데 고이왕은 어린 시절 고이 자랐을까요? 아니면…

등장인물

고이왕

한강 유역을 완전히 장악하고, 율령 반포, 관리의 복색 제정 등 백제의 정치 체제를 깔끔하게 정리했다.

뇌물 받은 관리

뇌물을 받다가 걸려서 받은 돈의 3배를 물어내고, 평생 감옥에 갇히는 신세가 되었다. "평소에 잘 했으면 이런 일이 없었을 텐데…" 하고 후회하고 있다.

너는 지위를 이용하여 뇌물을 받았으니
돈의 3배를 벌금으로 내고 평생 감옥에서
죄를 뉘우치도록 하라.
내신좌평을 비롯한 6좌평을 두었어.
이렇게 관직의 높낮이에 따라
옷 색깔을 다르게 하니 상하
관계를 잘 알 수 있구나!
백제
한강
아이고 나에게 이런 일이
생길 줄 왜 몰랐을까? 흑흑흑.
한강 유역을 완전히 차지하고 목지국을
병합하는 등 영토 확장에 노력했어.
45

19. 고국원왕이 평양성에서 목숨을 잃은 까닭은?

고구려 고국원왕이 2만 명의 군대를 이끌고 백제를 공격했습니다. 백제 근초고왕은 고구려의 공격을 잘 막았습니다. 그리고 태자인 수와 함께 고구려의 평양성을 공격했습니다. 이때 평양성을 지키던 고국원왕은 백제군의 공격으로 전사하게 됩니다. 그런데 고국원왕은 칼에 맞았을까요? 아니면…

등장인물

근초고왕

백제의 전성기를 이끌었던 왕. 한반도 남쪽까지 백제의 영역을 넓혔고, "서기"라는 역사책을 편찬하게 했다.

고국원왕

평양성을 지키다 백제군의 공격에 목숨을 잃었다.

칠지도

근초고왕 때 일본에 선물로 준 칼.

평양성
백제
백제
근초고왕은 고구려 평양성을 공격하여 고국원왕을 전사시켰어.
고흥을 시켜 자랑스러운 백제 역사를 쓰게 했어.
사신단
백제
백제
사신단
백제는 중국과 왜에 사신을 파견하며 활발하게 교류했어.
왜
왜에 칠지도를 선물했어.

20 이사부가 울릉도에 나무 사자를 가지고 간 까닭은?

신라 지증왕은 이사부를 보내 지금의 울릉도인 우산국을 복속시켰어요. 이사부는 나무로 깎은 사자상을 배에 싣고 가서 우산국 사람들에게 항복하지 않으면 사자를 섬에 풀어 놓겠다고 으름장을 놓았지요. 우산국 사람들은 신라에 항복했습니다. 그런데 우산국 사람들은 나무로 깎은 사자를 보고 항복했을까요? 아니면…

등장인물

지증왕

소를 이용해 농사짓는 법을 장려하고, 나라 이름을 사로국에서 신라로 바꾸는 등 신라 발전에 이바지한 왕.

이사부

신라 장군. 지증왕의 명령으로 우산국을 정벌했다. 우산국 사람들이 사자를 모르는 것을 이용해 나무로 깎은 사자를 만들어 싸우지 않고 이겼다. 역시 싸우지 않고 이기는 사람이 가장 센 사람.

석빙고

얼음을 저장하기 위해 만든 창고. 지증왕 때 얼음을 저장한 기록이 있다. 하지만 지금은 조선 시대 것만 남아 있다.

겨울에 채취한 얼음을 석빙고에 뒀다 여름에 꺼내 더위를 식혔어.
지증왕 말씀대로 소를 농사에 이용하니 아주 편하구먼.
신 라
우산국
우산국을 신라의 영토로 만들었어. 이때부터 울릉도와 독도는 우리 땅이 되었지.
신하들이 왕 호칭의 사용과 나라 이름을 신라로 할 것을 요청하자 지증왕이 허락했어.

21 법흥왕이 이차돈의 머리를 벤 까닭은?

신라 법흥왕은 불교를 받아들이고자 했지만 귀족들의 반대로 어려움을 겪었습니다. 이 때 왕의 뜻을 알아차린 이차돈이 나서서 자신의 목숨을 바침으로써 불교를 받아들일 수 있었습니다. 그런데 이차돈은 성이 이씨였을까요? 아니면...

등장인물

법흥왕

신라의 정치 체제를 완전히 정비한 왕. 율령을 반포하고 관리들의 공복을 제정했으며, 불교를 공인하여 왕권을 뒷받침하는 이념으로 삼았다. 또 금관가야를 정벌하여 영토를 확장했다.

이차돈

박혁거세의 후손으로 성은 박씨. 불교 공인에 반대하는 귀족들의 마음을 돌리기 위해 스스로 목숨을 내놓은 사람. 그가 처형당 할 때 목에서 흰 피가 솟았고, 하늘에서는 꽃비가 내렸다고 한다.

율령을 반포해서 나라의 법을 정리했어.
금관가야는 앞으로 신라의 일부가 되겠습니다!
율령
자색
비색
청색
황색
공복을 제정하여 관리들의 높고 낮음을 명확히 했지!
이차돈의 죽음을 계기로 불교를 공인하여 왕권을 뒷받침하는 이념으로 삼았어.

22

화랑들이 예쁘게 화장하는 까닭은?

화랑도는 신라 청소년들의 모임이에요. 귀족과 왕족을 부모로 둔 화랑 1명이 평민 부모를 둔 낭도 수백 명을 이끌고 함께 학문과 무예를 닦았어요. 진흥왕은 화랑도를 국가적인 조직으로 만들었어요. 김춘추, 김유신 등 삼국 통일의 주역들이 모두 화랑 출신입니다. 화랑들은 얼굴에 흰색 분을 바르고 입술과 볼을 붉게 칠하는 화장을 했어요. 아름다운 육체에 아름다운 정신이 깃든다고 생각했기 때문이에요. 그런데 화랑을 따르던 수백 명의 낭도들은 화장을 했을까요? 아니면…

등장인물

진흥왕

한강 유역을 차지하여 신라가 삼국을 통일할 수 있는 기반을 마련한 왕. 하지만 이를 위해 백제와의 동맹을 깨뜨렸고, 성왕마저 전사시켜서 이후 백제와 원수가 되었다.

화랑

신라의 꽃미남. 산과 들을 다니면서 학문과 무예를 닦는다.

진흥왕 순수비

진흥왕이 자신이 넓힌 영토를 돌아다니며 세운 비석.

너희 화랑들은 나라가 위기에 빠졌을 때 목숨을 바쳐 싸워야 한다.
진흥왕은 자기가 넓힌 영토를 돌아다니며 순수비를 세웠어.
화랑도를 국가적인 조직으로 만들었어.
진흥왕은 대가야를 정복했고, 대가야 출신 우륵은 가야금을 만들어 연주했어.
백제가 되찾은 한강 유역을 차지해서 삼국 통일의 기반을 닦았어.
신라
진흥왕순수비
순수비
한 강

23

무령왕의 무덤을 국제적인 스타일로 만든 까닭은?

고구려 장수왕에 의해 한성을 빼앗기고 웅진성(지금의 공주)으로 도읍을 옮긴 후 불안했던 백제는 무령왕 때 안정을 되찾았습니다. 무령왕의 무덤은 중국의 벽돌무덤 양식을 본땄고, 왕과 왕비의 관은 일본산 나무로 만들었습니다. 무령왕릉을 통해 국제 외교를 이용하여 백제를 다시 강국으로 만든 무령왕의 업적을 알 수 있습니다. 그런데 무령왕은 해외여행을 한 적이 있을까요? 아니면...

등장인물

무령왕

일본에서 태어나 백제가 위기에 처했을 때 왕위에 올랐다. 왕족들을 22담로에 파견하여 왕권을 강화하고, 중국, 일본과의 외교를 강화해 고구려의 공격을 여러 차례 물리쳤다.

무령왕릉

삼국 시대 왕의 무덤 중 유일하게 주인공이 밝혀진 무덤. 또한 백제 왕릉 중 도굴꾼들에 의한 피해를 받지 않은 유일한 무덤이기도 하다. 무덤 속에서 나온 수많은 보물들은 백제의 찬란한 문화를 우리에게 보여 준다.

무령왕릉은 벽돌을 구워 쌓아 만든 벽돌
무덤으로 중국의 영향을 받았지.
무령왕과 왕비의 모자를 장식한 장신구야.
금으로 만들었다구!
무령왕 탄생제
나는 무덤을 지키는
돌짐승이야. 어때, 귀엽지?
해마다 일본의 작은 섬 가카라시마에서는
무령왕 탄생제가 열리고 있습니다.

24

백제 성왕이 관산성에서
목숨을 잃은 까닭은?

백제 성왕은 고구려로부터 애써 되찾은 한강 유역을 신라 진흥왕이 빼앗았다는 소식을 듣고 매우 화가 났습니다. 고구려 공격에 맞서 함께 손 잡고 싸웠던 100여 년 동안의 동맹 관계를 신라가 깨뜨렸기 때문이에요. 하지만 성왕은 신라 관산성을 공격하다가 신라군에 의해 오히려 죽임을 당합니다. 백제의 부흥을 위해 애썼던 성왕은 결국 뜻을 이루지 못하고 숨을 거두었습니다. 그런데 백제는 한강 유역을 되찾았을까요? 아니면…

등장인물

성왕

백제 부흥을 위해 노력한 왕. 도읍을 웅진에서 사비로 옮기고 나라 이름을 남부여로 바꾸었다. 고구려를 공격하여 원래 백제의 중심지였던 한강 유역을 되찾았는데 신라에게 빼앗기고 말았다.

진흥왕

백제가 되찾은 한강 유역을 빼앗은 신라 왕. 백제 입장에서는 성왕을 죽인 원수지만, 신라 입장에서는 삼국 통일의 기반을 닦은 훌륭한 임금이라는 평가를 받는다.

웅진
신라
왜 성왕께서 사비성으로 도읍을 옮기는 걸까?
앞으로 나라 이름을 백제에서 남부여로 고치겠다!
무라고?!
사비가 넓은 평야와 강을 끼고 있어 농업과 교통에 유리하기 때문이래.
남부여 백제
사비
한강 유역을 되찾지 못하고 죽다니, 억울하구나!
한강 유역을 신라에게 빼앗겼습니다.
성왕
아바마마~ 흑흑흑
창왕

25 선덕 여왕이 황룡사구층목탑을 세운 까닭은?

백제의 공격으로 고생하는 선덕 여왕에게 자장 법사가 건의를 했어요. 황룡사를 짓고 구층 목탑을 세우면 9개의 나라가 신라에 머리를 조아리게 되고, 나라가 평안해 질거라고 하지만 황룡사구층목탑은 고려 시대에 몽골의 침략으로 불타 없어졌어요. 그런데 지금 경주에는 황룡사구층목탑이 있을까요? 아니면…

선덕 여왕

신라 27대 왕. 우리나라 최초의 여왕이자 남자들에게 평생 눈길 한 번 안주었던 도도한 인물. 백제의 잦은 침입으로 골머리를 앓았다.

자장 법사

진골 귀족 출신 승려. 당나라에서 불법을 공부하고 돌아와 선덕 여왕에게 황룡사에 구층 목탑을 세울 것을 건의했다.

여자가 왕이 되다니 나는 반댈세(소곤소곤).
왕의 자격에 남녀가 따로 있지는 않아요. 능력으로 보여 주겠어요!
별자리를 잘 살피면 계절의 변화를 예측할 수 있어!
자장 법사의 건의로 황룡사구층목탑을 세우게 됐어.
첨성대를 만드는 이유가 무엇인가요?
그림에 나비가 없으니 모란꽃은 향기가 없구나.
선덕 여왕께서는 날카로운 관찰력을 가진 분이구먼.

26 천마총 발굴이 어려웠던 까닭은?

박정희 정부 때 신라 옛 수도인 경주의 왕릉을 발굴하기로 했어요. 발굴을 하던 사람들은 정말 놀랐어요. 커다란 봉분의 흙을 파내자 그 속에는 사람 머리 만한 강돌이 가득 쌓여 있었어요. 그리고 강돌을 걷어내자 그 속에서 금관을 비롯한 수많은 유물들이 쏟아졌지요. 그중에는 하늘을 나는 천마를 그린 그림도 있었어요. 그런데 천마도는 정말 하늘을 나는 말을 그린 걸까요? 아니면...

천마총 금관

천마총 금관 신라 무덤에서 발굴된 5점의 금관 중 하나.

천마도

말 안장에 흙이 튀는 것을 막기 위해 설치한 말다래에 그려진 그림. 천마총 고분을 발굴할 때 발견되었다. 최근에는 천마가 아니라 상상 속 동물인 '기린'이라는 주장도 있어 진짜 모습이 궁금하다.

무덤 안에서 금관은 물론 천마도를 비롯한 다양한 유물들이 출토
되어 신라 사람들의 생활 모습과 수준 높은 문화를 알 수 있어!

무덤 주인의 권위를 높이고 무덤 주인과 함께 묻은
유물들이 훼손되지 않도록 돌을 쌓고 그 위에 여러
겹의 흙을 쌓아 거대하게 만들었어.

27 장군총에 총이 없는 까닭은?

고구려의 옛 수도였던 중국 지린성 지안현에는 이집트 피라미드처럼 생긴 고구려 무덤이 있어요. 거대한 돌을 계단식으로 쌓아 올린 이 무덤은 장군총이라고 불립니다. 규모로 봐서는 왕의 무덤으로 보이는데 누구의 무덤인지 밝혀지지 않은 경우에는 '총'이라는 명칭을 붙여요. 그런데 장군총은 장수왕의 무덤일까요? 아니면…

중국 관광객

많은 고구려 유적이 현재 중국 영토에 있기 때문에 고구려가 중국에 속한 나라였다고 착각한다.

장수왕

수도를 평양성으로 옮긴 왕. 장군총의 주인으로 추측되지만 무덤 안에는 유물이 전혀 없어 불확실하다.

장천 1호분
고구려의 옛 수도였던 중국 지린성 지안현에 있는 장군총이야.
장군총 옆에 기대어 놓은 커다란 돌은 쌓은 돌이 무너지지 않게 지탱해주는 역할을 해요.
중국
압록강
북한
각저총
무용총
이집트 피라미드와 닮아서 '동방의 피라미드'라는 별명이 붙었어.
국내성
무덤 속에는 아무 것도 남아 있지 않아 무덤 주인이 누구인지 알 수 없어. 하지만 무덤 규모로 봐서 장수왕의 무덤이 아닐까 추측하는 사람들이 많아!

28

평창 동계올림픽에 인면조가 등장한 까닭은?

중국 지안시와 북한 평양 부근의 고구려 무덤은 돌방을 만들어 시신을 넣은 굴식 돌방 무덤이 많아요. 굴식 돌방무덤의 돌방 벽과 천장에 많은 벽화가 그려져 있어요. 그중 사람 얼굴을 하고 있는 새, 인면조는 하늘을 지키는 신이에요. 인면조는 평창 동계올림 픽에서 사랑을 정말 많이 받았어요. 이밖에 강서대묘의 동서남북 벽에 그려진 사신도, 무용총의 사냥 그림도 유명해요. 그런데 사신도에 그려진 동물은 진짜일까요? 아니면…

등장인물

현무, 주작, 청룡, 백호

동서남북을 지키는 상상 속 동물. 현 무(검정색)는 거북이. 주작(붉은색)은 봉황, 청룡(파란색)은 파란 용. 백호 (하얀색)는 하얀 호랑이를 의미한다.

인면조

고구려 고분의 천장 쪽에 그려져 하늘의 신을 상징 하는 사람 얼굴을 한 새. 평창 동계올림픽에 소환 되어 처음에는 무시당했지만 개성있는 얼굴과 멋진 춤으로 세계인의 인기를 한 몸에 받았다.

무용총의 사냥꾼

사냥을 좋아하는 고구려 젊은이. 말 을 타고 가다가 갑자기 뒤돌아 활 을 쏘는 고난도 기술을 구사한다.

강서대묘에는 동, 서, 남, 북을 지키는 신비한 동물, 4신이 그려져 있지요. 4마리의 동물은 각각 현무, 주작, 청룡, 백호입니다.
말을 타고 가다가 뒤로 돌아 쏘는 기술은 엄청 어려운 기술이란다. 에헴~!
또 다른 무덤인 무용총에는 고구려인들의 용맹함을 보여 주는 사냥 그림이 있어요!
평창 동계올림픽에 등장한 인면조도 고구려 벽화에 나와 있어.
우와! 벽마다 재미있는 그림이 가득 그려져 있어!
고구려의 굴식 돌방무덤은 입구로 들어서면 돌로 만든 방에 고구려 사람들의 생활 모습과 생각을 보여 주는 다양한 그림이 그려져 있어.

29

고구려 소년 을불이 연못에서 돌을 던지고 있는 까닭은?

고구려 왕족인 을불이 큰아버지 봉상왕이 자신을 죽이려 하자 도망쳐서 어느 귀족 집 머슴으로 살았을 때 일이에요. 주인이 을불에게 밤새 연못에 돌을 던져 개구리가 울지 못하게 하라고 시켰어요. 을불은 잠 한숨 못자고 밤새 연못에 돌을 던졌어요. 이렇게 삼국 시대는 엄격한 신분제 사회였기 때문에 귀족들은 신분이 천한 사람들을 자기 마음대로 부렸어요. 그런데 을불은 나중에 미천왕이 되었을 때 개구리에게 돌을 던지던 시절을 기억했을까요? 아니면...

등장인물

을불(미천왕)

큰아버지 봉상왕이 아버지를 죽이고 자신도 죽이려 하자, 큰아버지 봉상왕을 피해 도망다녔다. 신분을 속이고 도망다니면서 귀족 집 머슴부터 소금장수까지 갖은 고생을 다했다.

귀족

신경이 예민해 밤에 잠을 잘 못자는 귀족. 연못 속 개구리가 시끄럽게 울자 을불에게 밤새 돌을 던져 개구리가 울지 못하도록 하라는 황당한 명령을 내렸다.

개구리

올챙이 시절을 기억 못하는 노래쟁이. 연못에서 노래를 부르다 을불이 던진 돌멩이에 맞아 하마터면 저승에서 노래를 부를 뻔했다.

왕위에 오른 봉상왕은 자기 동생을 죽이고 조카인 을불마저 죽이려고 했어!
귀족 집을 나온 을불은 소금장수까지 하면서 고생을 했지만 큰아버지 봉상왕이 신하들에 의해 쫓겨나면서 미천왕이 되었어.
신분을 속이고 귀족 집 머슴으로 들어간 그는 갖은 구박을 받았어. 주인은 을불에게 밤새 연못에 돌을 던져 개구리가 울지 못하게 하라고 명령하기도 했지.
귀족
평민
천민
미천왕처럼 다시 왕이 되는 경우도 있었지만 삼국 시대 사람들은 대부분 태어나면서 정해진 신분에 따라 사는 모습이 정해져 있었어.

30 을지문덕이 수나라 장군 우중문에게 편지를 보낸 까닭은?

200여 년 동안 분열되었던 중국을 통일한 수나라는 고구려에 복속을 요구했습니다. 하지만 고구려가 이를 거부하자, 군대를 이끌고 쳐들어왔습니다. 수나라 양제가 보낸 수십만 명의 군대를 고구려 장군 을지문덕이 유인하여 살수에서 크게 물리쳤습니다. 그런데 우중문은 을지문덕한테 편지를 받고 화가 났을까요? 아니면…

등장인물

양제

수나라 황제. 고구려를 우습게 여기고 113만 명의 군대를 보내 침략했다. 하지만 침략에 실패하고 결국 농민 반란으로 수나라는 망해버렸다.

을지문덕

고구려 장군. 수나라 군대가 침입하자 바로 맞서 싸우지 않고 유리한 지역까지 끌어들였다가 살수에서 크게 무찔렀다. 이때 수나라 장수 우중문에게 약올리는 편지를 썼다.

우중문

고구려를 침략한 수나라 군대를 이끈 장군. 을지문덕의 심리전에 넘어가 결국 살수에서 크게 패했다.

581년 200여 년간 분열되었던 중국을 통일한 수나라는 고구려를 공격했어.

고구려를 공격하여 콧대를 납작하게 만들어 주자!

수

100만 명이 모였는데 여기서 나가는 데만 한 달도 넘게 걸리겠네.

을지문덕

우중문

우중문이 이끄는 수나라 군대는 고구려의 유인 작전에 속아 지치고 굶주린 채로 을지문덕이 이끄는 고구려군과 싸우게 됐어.

을지문덕은 우중문에게 싸움에서 물러나라는 편지를 보내 사기를 꺾었어.

싸울 힘을 잃고 도망가는 수나라 군대를 살수 (청천강)로 유인하여 승리를 거두었지!

31

당나라 신하들이 고구려 공격을 반대하는 까닭은?

수나라가 망하고 당나라가 들어섰어요. 당 태종은 고분고분하지 않는 고구려를 공격하려고 했지만 신하들이 반대했어요. 튼튼한 성을 쌓고 버티는 고구려를 정벌하는 것은 어렵다구요. 하지만 그는 고집을 부리고 고구려를 침략했다가 결국 안시성에서 패하고 물러났습니다. 그런데 당나라는 다시 고구려를 침략할 생각을 했을까요? 아니면…

등장인물

당 태종

중국 역대 황제 중에서 정치 잘하기로 1, 2등을 다투는 능력남. 하지만 고구려를 깔보고 공격했다가 호되게 당하고 돌아갔다. 그러니까 신하들 말 잘 듣고 당나라나 열심히 다스릴 일이지 왜 고집을 부려?

연개소문

고구려 장군. 5자루의 칼을 차고 다녔다고 한다. 영류왕을 죽이고 보장왕을 세운 후 자신은 대막리지가 되어 권력을 장악했다. 당나라와 적극적으로 싸울 것을 주장한 싸움남.

양만춘

당나라 군대를 물리친 안시성 성주. 당나라 군대가 흙으로 성을 쌓아 안시성을 공격하자 이를 무너뜨려 당 태종을 허무하게 만들었다.

이제 우리 당나라가 동아시아의 대장이다.
당
수나라에 이어 당나라가 중국을 통일했어.
신하들의 반대에도 불구하고 당 태종은 고구려를 공격했지!
당나라 군대에 맞서 안시성에서 고구려군이 용감하게 싸웠어.
저렇게나 강하다니 분하다.

32

김춘추가 하루 종일 멍하니 집 기둥에 기대고 선 까닭은?

김춘추는 친구인 김유신의 군사력을 바탕으로 강력한 왕위 후보였습니다. 당시 신라는 백제의 공격에 시달렸는데 하루는 백제군의 공격으로 대야성이 함락되면서 성주인 김품석과 그의 부인이 죽었습니다. 이때 죽은 김품석의 부인 고타소는 바로 김춘추의 딸이었습니다. 딸의 죽음을 들은 김춘추는 하루 종일 기둥에 기대어 사람들이 지나가는 것도 모를 정도로 슬픔에 빠졌습니다. 그리고 백제를 멸망시키겠다는 굳은 다짐을 했습니다. 그런데 김춘추는 복수에 성공했을까요? 아니면…

등장인물

김춘추

나중에 태종 무열왕이 된 외교 천재이자 얼굴 천재. 김유신과 함께 백제 멸망을 목표로 외교 활동을 펼쳤다.

김유신

김춘추의 절친이자 처남. 자기 여동생을 김춘추와 결혼시키기 위한 작전을 펼쳐 결국 성공했다. 막강한 군대를 거느리고 김춘추가 왕이 되는 것을 적극 도왔다.

김품석

김춘추의 사위로 대야성 성주. 백제의 공격으로 궁지에 몰려 항복했으나, 부인과 함께 죽음을 당했다.

성왕의 죽음으로 원수가 된 백제의 공격으로 신라는 대야성이 함락되는 등 위기에 빠져버렸어.
고구려를 탈출한 김춘추는 당나라 황제를 만나 나당 연합을 성사시켰어.
백제의 공격으로 사랑하는 딸과 사위가 목숨을 잃다니 이 원수를 꼭 갚겠다!
드디어 신라가 백제의 위협에서 벗어나 내 딸의 원수마저 갚았구나!
폐하, 신라와 당나라 연합군이 백제 사비성을 점령했다고 합니다.
김춘추는 고구려에 도움을 요청했지만 고구려 연개소문에 의해 거절당하고 오히려 고구려에 잡혀 있다가 꾀를 써서 탈출했어.

33 백제 의자왕이 당나라로 끌려간 까닭은?

당나라군과 신라군의 연합 공격에 백제 도읍인 사비성이 함락되었어요. 웅진성으로 자리를 옮겨 끝까지 싸우던 의자왕은 결국 나당 연합군에 항복하고 의자왕과 왕족들, 그리고 수많은 백제 백성들이 당나라로 끌려가게 되었습니다. 그런데 의자왕의 무덤은 중국에 있을까요? 아니면...

등장인물

의자왕

백제 마지막 왕. 3천 명의 궁녀를 거느리고 방탕하게 놀다가 나라를 말아먹었다는 황당한 누명을 썼다. 신라군과 당나라군에 맞서 끝까지 싸웠지만 결국 사로잡혀 당나라로 끌려가 최후를 맞이했다.

계백

5천 명의 결사대를 이끌고 신라군 5만 명과 맞서 황산벌에서 용감히 싸운 백제 장군. 황산벌에 가기 전 신라에 잡혀 노예가 되느니 차라리 죽는 것이 낫다며 가족을 모두 죽이고 전쟁에 나섰다.

관창

신라 왕족으로 황산벌 싸움에 나선 화랑. 백제군과 싸우다 2번이나 산 채로 잡혔지만 다시 싸우다 죽어서 신라군의 사기를 높였다.

고구려
신라
내주
웅진
사비
금성
백제
당나라군은 서해 바다를 건너서 웅진으로, 신라군은 육지를 통해 황산벌에서 백제를 공격했어.
백제 계백 장군이 5천의 결사대로 황산벌에서 5만의 신라군에 용감하게 맞서 싸웠어!
화랑 관창의 용감한 죽음으로 사기를 높인 신라군이 백제군을 무찔렀어.
도읍인 사비성이 함락되고 의자왕을 비롯한 왕족과 수많은 백성들이 당나라로 끌려가고 말았지….
백제
신라
사비성
당
당

34

연개소문의 큰아들이 당나라 편이 되어 고구려를 공격한 까닭은?

고구려의 최고 권력자였던 연개소문이 죽고, 그 아들들이 권력을 놓고 싸움을 벌였습니다. 큰형인 연남생은 동생들에게 쫓겨나자 당나라에 항복했어요. 지배층이 분열하자 결국 고구려는 당나라와 신라의 공격을 견디지 못하고 멸망하고 말았습니다. 그런데 연남생은 당나라에서 행복하게 살았을까요? 아니면…

등장인물

연개소문

당나라군의 공격을 막아낸 고구려의 최고 권력자. 하지만 아들들을 사이좋게 키우는 데는 실패했다.

연남생

연개소문의 큰아들. 동생들이 힘을 합쳐 자신을 최고 권력자에서 밀어내자, 앙심을 품고 당나라에 항복했다. 고구려를 쳐들어온 당나라와 신라보다 자신을 쫓아낸 동생들을 더 미워한 쫌생이!

연개소문은 죽으면서 세 아들에게 사이좋게 지내라고 당부했어. 하지만… .
큰형인 연남생은 동생들에게 쫓겨나자 앙심을 품고 당나라 편이 되었어.
당나라군의 공격으로 평양성이 함락되면서 결국 고구려가 멸망했지.
연개소문의 세 아들은 서로 아버지 자리에 앉겠다고 싸움을 벌였어.
고구려

35

백제를 도우러 온 일본군의 배가 백강에서 불타버린 까닭은?

백제 멸망 후 백제를 다시 일으키려는 부흥 운동이 일어났어요. 백제와 친하게 지내던 일본도 400여 척의 배에 군사를 가득 싣고 백제 부흥군을 도우러 왔습니다. 하지만 당나라와 신라 연합군에 의해 백강 하구에서 처참하게 패배하고 말았습니다. 결국 백제 부흥 운동은 실패로 돌아갔습니다. 그런데 일본은 망명한 백제 사람들을 잘 대해주었을까요? 아니면…

등장인물

부여풍

백제 왕자. 백제 멸망 후 왕으로 추대되어 일본에 도움을 요청하는 등 부흥 운동을 이끌었다. 백강 전투에서 백제 부흥군과 일본의 구원군이 전멸당하자 고구려로 망명했다.

흑치상지

검은 이빨을 가진 용맹한 백제 부흥군 장군. 백제 부흥 운동이 실패하자 당나라로 건너가 당나라 장군으로 활약했다.

일본군

백제를 도우러 바다 건너 왔지만 400여 척이 몽땅 불에 타고 전멸당했다.

백제 부흥 운동
복신과 도침이 왕자 부여풍을 왕으로
추대하고 부흥 운동을 일으켰어.
고구려
백강 전투에서 일본의 구원군이 전멸
하자 부여풍은 고구려로 망명했지.
흑치상지도 백제 부흥 운동을 일으켜
나당 연합군과 맞서 싸웠어!
일본에서 온 백제 구원군의 배들이 백강에서
나당 연합군의 공격을 받아 가라 앉아버렸어.

36

문무왕이 고구려 부흥 운동을 일으킨 안승을 보덕국왕으로 임명한 까닭은?

검모잠과 고연무 등은 고구려 보장왕의 서자인 안승을 왕으로 추대하고 고구려 부흥 운동을 일으켰습니다. 신라 문무왕은 안승을 보덕국왕으로 임명했습니다. 고구려 세력을 이용해서 당나라를 몰아내려고 했던 것이에요. 그런데 문무왕은 정말 문무에 모두 뛰어났을까요? 아니면…

등장인물

안승

고구려 마지막 왕인 보장왕의 서자. 고구려 부흥 운동을 일으켜 보덕국왕으로 추대되었다. 하지만 혹시 신라의 계략에 빠져 이용당하는 것은 아닌지 의심을 품고 있다.

문무왕

태종 무열왕 김춘추의 아들. 당나라와 힘을 합해 고구려를 멸망시켰지만 신라와 백제 땅까지 차지하려는 당나라의 검은 욕심에 맞서고 있다. 적의 적은 친구라는 생각으로 고구려 부흥 운동을 지원한다.

안동도호부
당은 고구려 땅에 안동도호부를, 백제 땅에 웅진도독부를, 신라 땅에 계림도독부를 설치하여 한반도 전체를 자기네 땅으로 하려고 했지!
매소성
보덕국왕
문무왕은 고구려 부흥 운동을 일으킨 안승을 보덕국왕으로 임명하는 등 옛 고구려 세력을 지원하여 당나라를 견제했어.
웅진도독부
신라군이 당나라 군대를 매소성과 기벌포에서 무찔렀어!
계림도독부
기벌포
보덕국
통일한 신라를 내가 죽어서도 동해의 용이 되어 지킬 테니, 나를 동해 바다에 묻도록 하라.

37 신문왕이 바다에서 용을 만난 까닭은?

통일 신라 문무왕의 아들인 신문왕은 어느 날 동해 바다에 섬이 생겼다는 보고를 받고 섬에 갔어요. 그런데 용이 나타나 섬의 대나무로 피리를 만들라고 합니다. 용이 말한 대로 피리를 만들어 '만파식적'이라는 이름을 붙였어요. 적이 쳐들어 왔을 때 만파식적을 불면 적들이 스스로 물러났다고 합니다. 그런데 피리를 만들라고 가르쳐 준 용은 죽은 문무왕이 다시 태어난 것일까요? 아니면…

신문왕

문무왕의 아들. 아버지 유언에 따라 문무왕을 바다에 장사지냈다. 왕권을 강화하기 위해 장인어른인 김흠돌을 제거한 피도 눈물도 없는 인물이다.

동해용

신문왕에게 피리를 만들라 하며 만드는 법을 가르쳐 주었다. 신문왕이 아버지를 위해 동해 바닷가에 세운 감은사라는 절에 바닷길을 이용해 자주 들렀다.

신문왕은 진골 귀족 세력을 누르고 왕권을 강화하기 위해 관료전을 지급하고 녹읍을 폐지했어.
관료전 지급
국학
저 대나무로 피리를 만들거라~
학문을 널리 보급하기 위해 국학이라는 학교도 세웠다구!
신문왕은 동해용의 말대로 피리를 만들어 '만파식적'이라고 불렀어. 이 피리를 불면 적들이 스스로 물러나고 태풍도 잠잠해졌다고 해.
신문왕의 장인인 김흠돌이 반란을 일으키자 신문왕이 진압했어.

38 석가탑에 무영탑이라는 별명이 붙은 까닭은?

불국사 석가탑은 뛰어난 석공인 아사달이 만들었어요. 탑을 만드는 데 오랜 시간이 걸리자 부인인 아사녀가 아사달을 보러 왔어요. 하지만 만나지 못하고 절 옆의 연못에서 하염없이 기다렸지요. 탑이 완성되면 연못에 탑의 그림자가 비친다고 했지만 탑의 그림자는 비치지 않았고 기다림에 지친 아사녀는 연못에 몸을 던졌어요. 완성된 석가탑은 그림자가 없는 탑이라는 뜻의 '무영탑'이라고 불리게 되었습니다. 그런데 아사녀는 정말 연못에 몸을 던졌을까요? 아니면…

등장인물

아사달

백제 출신의 뛰어난 석공. 불국사와 석가탑을 만들 때 참여했다. 하지만 부인이 찾아온 것도 모르고 일에만 매달리다가 사랑하는 부인을 잃었다.

아사녀

남편을 찾아 불국사 앞까지 온 남편 바라기. 하지만 불국사 앞 연못에서 마냥 기다리다 결국 연못에 몸을 던진 비극의 주인공.

김대성

부유한 귀족. 불국사와 석굴암을 세우는 데 큰 역할을 했다.

부처가 다스리는 아름다운 나라를 위해 짓는 불국사에 세울 탑은 누가 만들기로 했지요?
아사달이 뛰어난 석공이라고 합니다. 그를 불러 맡기지요.
아사녀는 탑을 만들러 떠난 아사달이 돌아오지 않자 아사달을 찾아 떠났어.
다녀올게!
조심하세요.
탑이 완성되었지만 석가탑이 연못에 나타나지 않자 몸을 던진 아사녀, 그녀의 죽음을 보고 아사달은 슬퍼했어.

39 신라인들이 인공 석굴인 석굴암을 만든 까닭은?

석굴암은 신라 경덕왕 때 지어진 세계에서 유일한 인공 석굴입니다. 중국이나 인도 등 다른 나라의 석굴은 커다란 바위산을 파고 만들어요. 하지만 우리나라는 단단한 화강암이 많아 바위를 파기가 매우 어려워요. 그래서 돌을 깎아 다양한 조각을 만들고, 또 그 위에 돌을 쌓아 지붕을 만든 후 그 위를 흙으로 덮은 인공 석굴을 만든 것입니다. 그런데 석굴암에는 부처님의 제자들이 새겨져 있을까요? 아니면...

석굴암 본존불

석굴암의 주인공. 우리나라 부처님 중 최고 미남으로 꼽힌다. 본존불을 둘러싼 벽에는 10명의 부처님 제자들이 새겨져 있다. 불상 높이의 3배 거리에서 정면으로 보면 가장 멋있게 보인다고 한다.

석굴암 11면 관음보살

부처님께 도움을 요청하는 많은 사람들의 소원을 들어주기 위해 11개나 되는 얼굴을 가진 보살상. 얼굴도 예쁘지만 아름다운 몸매로 유명하다.

석굴암 인왕상

석굴암 입구를 지키는 두 명의 보디가드. 한 명은 입을 다물고 있고, 다른 한 명은 입을 크게 벌리고 있다.

세계 유일의 인공 석굴인 석굴암은 신라 사람들의 놀랄 만한 과학이 담겨 있어.
석굴암 입구를 지키는 인왕상이야. 금강 역사라고도 불러. 우리나라 전통 무예의 자세를 취하고 있는 용맹한 모습이지!
석굴암 부처의 얼굴, 가슴, 어깨, 무릎의 너비는 1:2:3:4의 비율을 갖췄어. 이러한 비례는 가장 안정감을 주는 비율이야.
11면 관음보살상은 아름다운 옷을 입고 화려한 모습을 뽐내고 있어.
불상 높이의 3배 거리에서 볼 때 완벽한 대칭이 되도록 계산을 해서 만들었고, 석굴 지붕은 위에 덮은 흙의 무게를 견디도록 아치형으로 만들었다구!

성덕대왕신종을 에밀레종이라 부르면 안 되는 까닭은?

국보 제29호인 성덕대왕신종은 우리나라에서 가장 큰 종으로 경덕왕이 아버지 성덕왕을 기리기 위해 만들었어요. 이 종을 '에밀레종'이라고도 불러요. 종을 만들 때 아기를 쇳물에 던져 만들었고, 그래서 종이 아기가 엄마를 부르듯이 '에밀레'라고 울었다는 이야기 때문에 생긴 이름이에요. 하지만 이 이야기는 먼 옛날 중국에서부터 전해진 이야기가 일제 강점기에 성덕대왕신종에 달라붙어 생긴 거짓 이야기랍니다. 그런데 이 이야기를 만든 사람은 종 만들 때 아기를 넣는다는 말을 진짜 믿었을까요? 아니면...

등장인물

아기를 바친 엄마

성덕대왕신종을 만들 때 스님에게 아기를 뺏긴 엄마. 가난한 형편에 바칠 것이 없다고 아기를 바쳤냐는 비난을 받았지만 거짓 뉴스인 것으로 밝혀져 누명을 벗었다.

스님

꿈에 나타난 부처님에게 아기를 바치면 종이 완성된다는 이야기를 듣고 아기 엄마한테서 아이를 빼앗았다. 하지만 이것 역시 거짓으로 밝혀졌다.

아기

끓는 쇳물에 던져져 엉엉 울 뻔했다.

1915년 경주 봉황대에서 경주고적보존회로 옮길 땐 크고 무거운 종을 옮기느라 많은 사람들이 애를 썼어.

성덕대왕신종에는 하늘을 나는 아름다운 여신의 모습이 새겨져 있어.

성덕대왕신종 전설이라고 전해지는 에밀레종 이야기는 일제 강점기에 만들어진 거짓 이야기야.

1975년 국립경주박물관을 옮기면서 성덕대왕 신종도 옮겨졌어. 이때는 커다란 트럭을 동원하여 쉽게 옮겼지. 지금도 국립경주박물관에 있어.

41 처용이 처용가를 부른 까닭은?

신라 헌강왕 때 동해 용왕의 아들 처용이 아름다운 부인과 신라에 살았어요. 그런데 하루는 밤 늦게 집에 돌아와 보니 자기 부인 옆에 질병 귀신이 누워 있었어요. 처용은 부인과 질병 귀신을 용서하며 춤을 추고 노래를 부르면서 물러났어요. 이 모습에 감명을 받은 질병 귀신은 처용에게 용서를 구하고 처용 그림만 보여도 절대 나타나지 않겠다고 맹세했어요. 그런데 처용은 정말 동해 용왕의 아들이었을까요? 아니면…

등장인물

처용
헌강왕 때 신라에 살게 된 용의 아들. 춤과 노래를 좋아하며 부인의 잘못을 용서하는 대범한 모습을 보였다.

처용 부인
아름다운 모습을 가졌지만 한 순간의 잘못으로 다른 남자(그것도 질병을 일으키는 신)와 돌이킬 수 없는 실수를 저질렀다.

질병 귀신
만나면 큰 병에 걸리는 말 그대로 치명적인 매력의 소유자. 처용 부인을 꾀다가 처용에게 걸렸지만 처용의 대범한 모습에 크게 뉘우친다.

신라 49대 헌강왕 때 동해용이 7명의 아들을 데리고 놀러왔어. 그중 처용은 신라에 눌러 살기로 했지.
부인과 질병 귀신을 용서한 처용의 모습에 귀신은 잘못을 뉘우치고 처용 그림이 있는 집에는 절대로 찾아오지 않겠다고 맹세를 했어!
그런데 처용 부인의 미모를 탐낸 질병 귀신이 몰래 처용 부인이 자는 방에 숨어들었다가 처용에게 걸렸어.
잘못을 용서해 주시다니 처용님의 은혜에 감사합니다. 앞으로 처용님 얼굴만 보여도 절대로 나타나지 않겠습니다!
그때부터 신라 사람들은 처용의 얼굴을 대문에 붙여 질병 귀신의 침입을 막았다고 해.

42 일본 고류사의 불상과 우리나라 불상이 꼭 닮은 까닭은?

일본 고류사에 놀러간 친구가 깜짝 놀랐어요. 고류사에 있는 미륵보살 반가사유상이 국립중앙박물관에 있는 반가사유상과 꼭 빼닮았기 때문이에요. 하지만 고구려, 백제, 신라 3국이 일본과 활발하게 문화 교류를 했다는 사실을 알고는 고개를 끄덕였어요. 아마 우리나라의 불상 제작 기술이 일본에 전해졌을 거예요. 그런데 일본은 3국으로부터 문화를 받아들이기만 했을까요? 아니면…

등장인물

삼산관을 쓴 반가사유상

국립중앙박물관 2층 불교미술실의 방 한 개를 독차지하고 계신 귀한 분. 금동으로 만들어진 부처님으로 한쪽 다리를 올리고 앉아서 인간의 고통에서 벗어나 깨달음을 얻는 순간의 모습을 하고 있다.

고류사에 있는 반가사유상

일본이 전세계에 자랑하는 불상. 그런데 불상 재료인 적송이라는 나무가 우리나라 고유의 나무라는 것이 알려지면서 우리나라에서 전해진 것으로 밝혀졌다.

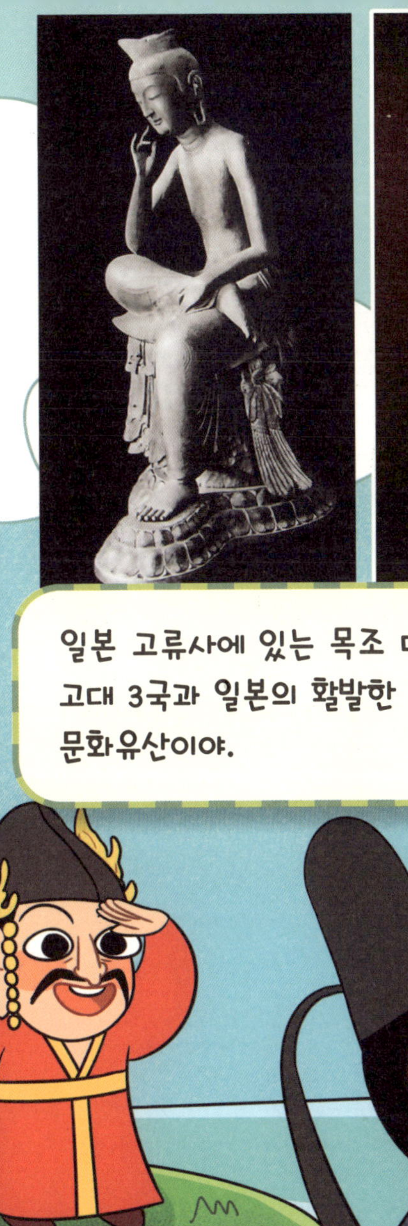

일본 고류사에 있는 목조 미륵보살 반가사유상은 고대 3국과 일본의 활발한 문화 교류를 보여 주는 문화유산이야.

일본 교토 호류사에 있는 백제 관음상이야. 일본은 가장 아름다운 미술품에 '백제'라는 말을 붙였을 정도로 백제 문화를 좋아했지!

고대 일본의 대표적인 무덤인 전방후원분이 우리나라 전라남도 지방에서도 발견되고 있어. 한반도에 건너온 일본인의 무덤으로 일본 사람들이 한반도에 많이 살았다는 것을 보여 주는 거야.

백제 근초고왕은 일본 왕에게 칠지도를 선물하여 양국의 친선 관계를 다졌어.

43

원효가 동굴 앞에서 토를 한 까닭은?

원효와 의상은 신라 스님들입니다. 둘은 당나라에 건너가 불법을 공부하기로 하고 여행을 떠났어요. 밤이 깊어지자 산 속 동굴에서 잠을 자던 원효는 목이 말라 깨었다가 바가지에 고여 있던 물을 맛있게 먹었습니다. 아침에 일어나 보니 바가지에 고인 물은 해골 속 썩은 물이었어요. 원효는 구역질을 하다가 갑자기 모든 일은 마음에서 일어난다는 사실을 깨달았지요. 원효는 당나라에 가지 않고 신라로 돌아와 자신이 깨달은 것을 사람들에게 알렸어요. 그런데 해골 물을 먹은 원효는 배탈이 났을까요? 아니면…

등장인물

원효

신라 승려. 불법을 찾아 당나라에 가다가 해골물을 마시고 깨달음을 얻었다. 신라에 돌아와 무애박을 두드리며 사람들에게 쉽게 불교를 알려주었다. 신라 요석 공주와 결혼하여 설총이라는 똑똑한 아들을 낳았다.

의상

원효의 친구. 원효와 함께 당나라에 가다 원효가 가지 않는 바람에 혼자 가서 불법을 연구했다. 신라에 돌아와서 부석사 등 많은 절을 세웠다.

요석 공주

태종 무열왕의 딸. 남편과 헤어진 후 혼자 살다가 원효와 사랑에 빠져 설총을 낳았다.

한편 의상 대사는 당나라에서 공부한 후 돌아와 부석사 등 여러 절을 세웠어. 부석사는 선묘 낭자가 커다란 바위로 변해 하늘로 떠올라 도적떼를 뉘우치게 하고 지은 절이래.
불법을 공부하러 당나라에 가던 원효 대사는 동굴에서 해골 물을 마신 후 깨달음을 얻었어.
무애박을 두드리며 노래를 불러 백성들에게 부처님의 깨달음을 쉽게 알려 주었어. 그리고 요석 공주와 사랑에 빠져 설총이라는 아들도 낳았지.
혜초 스님은 멀리, 인도의 천축국에 다녀와서 서역 여러 나라의 풍습을 소개하는 왕오천축국전을 남겼어.
당
서역
부석사
요석공주
설총

44

장보고가 믿었던 친구의 칼에 목숨을 잃은 까닭은?

오랜만에 청해진으로 찾아온 친구와 술잔을 기울이던 중 술에 취한 장보고를 친구가 칼로 찔러 살해했어요. 그 친구는 장보고를 없애라는 신라 왕의 명령을 받고 찾아온 자객이었습니다. 청해진을 설치해 해상 무역을 장악했던 바다의 왕자, 장보고는 이렇게 허무하게 목숨을 잃었답니다. 그리고 그의 죽음과 함께 청해진도 없어졌습니다. 그런데 장보고를 배신한 친구는 잘 먹고 잘 살았을까요? 아니면…

등장인물

장보고

어린 시절 큰 꿈을 안고 당나라에 건너가 군인이 되었다. 신라가 일본 해적들로 고통받자 다시 신라에 와서 해적들을 물리치고 청해진을 건설했다.

김우징(문성왕)

장보고의 도움으로 왕위에 올랐다. 하지만 장보고 딸과 결혼하기로 한 약속을 어기고 오히려 자객을 보내 장보고를 살해한 소심남.

염장

장보고의 어릴 적 친구. 장보고와 나라를 지키는 큰 인물이 되기로 약속했다. 하지만 친구인 장보고를 살해한 배신남.

청해진
당나라에서 군인으로 출세한 장보고는 어느 날 해적들이 신라인을 노예로 납치한 것을 보았어. 신라로 돌아와 청해진을 설치하고 해적들을 무찔렀지!
장보고는 왕족인 김우징을 도와 그가 왕(문성왕)이 되는 데 도움을 줬지. 하지만 약속을 어긴 김우징에게 불만을 갖게 됐어.
청해진은 신라와 중국, 일본을 잇는 국제 무역항이 되어 크게 번성했어. 덩달아 장보고 세력도 커졌지.
이를 두려워한 문성왕은 장보고의 친구인 염장을 자객으로 보내 장보고를 살해했어. 장보고가 죽자 청해진은 없어지고 번창하던 신라의 무역 활동도 사그라졌지….

45

중국에 최치원 기념관이 있는 까닭은?

중국 장쑤성 양저우에 신라 말 대학자이자 문장가인 최치원 기념관이 세워졌어요. 18세에 당나라에서 실시한 외국인 시험인 빈공과에 1등으로 합격하여 이름을 날리던 최치원은 계원필경, 토황소격문 등의 글로 유명합니다. 중국인들은 최치원을 한류의 원조로 높이 평가하여 그를 기리는 기념관을 세웠답니다. 그런데 우리나라에는 최치원 기념관이 있을까요? 아니면...

등장인물

최치원

어린 시절 당나라로 유학을 가서 이름을 떨친 영재. 당나라에서 관리를 하다가 신라로 돌아와 왕에게 개혁안을 내놓았다. 하지만 왕과 귀족들이 이를 무시하자 크게 실망하여 전국을 떠도는 방랑자가 되었다.

진성 여왕

신라 말 여왕. 백성과 나라를 위한 정치를 하는 것보다 남자친구 사귀기, 피부 가꾸기 등만 신경 쓴 무능한 왕.

빈공과
합격자
최치원
합격
1
실망한 최치원은 벼슬을 버리고 부산 해운대 등 경치 좋은 곳을 떠돌아다니면서 마치 '외로운 구름' 같은 삶을 살다가 세상을 떠났어.
당나라로 일찍 유학을 떠난 최치원은 당나라의 빈공과 시험에 합격해서 관리가 되었어.
신라로 돌아온 최치원은 당시 어지러운 신라를 개혁하기 위한 개혁안을 진성 여왕에게 내놓았지만 받아들여지지 않았어.
그는 글을 잘 써서 문장가로 이름을 날렸지. 특히 황소의 난이 일어났을 때 반란군 대장인 황소를 꾸짖는 글을 썼는데, 그가 쓴 글을 읽은 황소가 깜짝 놀라 의자에서 굴러 떨어졌다고 해.

46 배고픈 농민들이 붉은 바지를 입고 일어난 까닭은?

신라 말 권력을 가진 왕과 귀족들의 부정부패가 심해졌습니다. 백성들은 지배층들로 인해 무거운 세금과 강제 노동에 시달렸어요. 견디다 못한 농민들은 반란을 일으켰지요. 신라 서남해안에 살던 농민들은 자신들의 뜻을 하나로 모아 함께 한다는 의미로 붉은 바지를 입고 저항에 나섰어요. 그들은 경주 인근까지 쳐들어와서 왕과 귀족들의 간담을 서늘하게 했답니다. 그런데 빨간 바지는 빨간 꽃잎으로 물들였을까요? 아니면...

등장인물

진성 여왕

최치원의 건의도 무시하고 마냥 놀기 좋아했던 왕. 수많은 백성들의 어려움을 모른 척해서 결국 백성들이 반란을 일으켰다.

신라 귀족

무능한 진성 여왕 밑에서 자신의 이익을 챙기는 데만 신경쓰던 지배층. 백성들의 고통은 이들에겐 남의 일일뿐.

붉은 바지 농민

우리나라 최초로 농민 반란을 일으킨 사람들. 열심히 일했지만 먹고 살기가 더욱 힘들어지자 함께 힘을 합쳐 반란을 일으켰다.

신라 말 진골 귀족들이 서로 왕위를 차지하겠다고 싸우면서 왕이 150년 동안 20번 넘게 바뀌는 등 왕의 힘이 약해졌지.
王 20
무능한 왕과 지배층들은 자신들의 이익을 위해 백성들에게 무거운 세금을 거두고 아무 때나 마음대로 불러서 고된 일을 시켰어.
부정부패, 무거운 세금으로 고통 받는 백성들은 힘을 모아 반란을 일으켰어. 붉은 바지 도적의 난, 원종과 애노의 난 등이 대표적인 농민 반란이야.

대조영이 동모산에서 나라를 세운 까닭은?

대조영은 고구려 장군이었어요. 고구려가 당나라에 의해 멸망하자 고구려 지역은 당나라 지배를 받았습니다. 하지만 대조영은 당나라 지배에 반대해서 그를 따르는 사람들과 함께 당나라를 몰아내고 옛 고구려 땅 동모산에서 나라를 세웠어요. 대조영은 나라 이름을 '발해'라고 정했습니다. 그런데 대조영은 고구려 사람들만 데리고 발해를 세웠을까요? 아니면…

등장인물

대조영

고구려 장군 출신으로 발해를 세웠다. 고구려 사람뿐만 아니라 말갈인들도 발해 건국에 참여시킨 포용력 갑인 왕.

무왕

대조영에 이어 왕위에 오른 발해 2대 왕. 당나라의 덩저우를 선제 공격하는 등 당나라 세력을 몰아내고 발해를 키우는 데 노력한다.

문왕

발해 3대 왕. 당나라와 싸우기보다는 화해와 협력을 선택하고 당의 문물을 적극 받아들인다. 정혜 공주와 정효 공주를 끔찍하게 아꼈던 딸 바보.

무왕에 이어 왕위에 오른 문왕은 당나라와 친선 관계를 맺고 당의 문물을 적극 받아들였어.

문왕은 황제를 뜻하는 '황상'이란 표현을 쓰고 '대흥'이라는 독자적인 연호를 사용하는 등 중국과 대등한 나라임을 밝혔지.

고구려 장군 출신인 대조영이 고구려 유민과 말갈족들을 하나로 모아 당나라 세력을 몰아내고 발해를 세웠어.

대조영의 뒤를 이어 왕위에 오른 무왕은 당나라의 덩저우를 공격하는 등 당나라와 싸우면서 세력을 넓혔어.

48 신라가 당나라에 항의한 까닭은?

당나라에 신라 사신이 와서 항의하는 일이 벌어졌어요. 872년 당나라의 빈공과에 발해 유학생 오소도가 1등을 차지하자, 부정을 저질렀다고 항의한 것이에요. 하지만 오소도는 정정당당히 실력으로 장원을 차지했어요. 이렇듯 발해는 당나라를 비롯한 여러 나라와 활발하게 교류를 펼쳤답니다. 그런데 발해는 일본과도 교류를 했을까요? 아니면…

등장인물

오소도

발해에서 당나라로 유학을 가서 외국인 과거 시험에 1등으로 합격한 인물. 신라로부터 항의를 받았으나 그의 실력은 레알이었다. 그의 아들인 오광찬도 당나라의 외국인 과거 시험에 합격했다.

최언위

신라의 당나라 유학생. 당나라의 빈공과에 발해의 오광찬보다 높은 등수에 올라 신라인의 기세를 등등하게 만들었다.

선왕

발해의 전성기를 이끈 왕. 선왕 때 발해는 영토를 최대로 넓혔으며, 당나라로부터 '해동성국' 이라는 별명으로 불렸다.

발해 유학생이 당나라 빈공과에서 1등으로 급제하는 등 발해는 당나라와 활발한 교류를 가졌어.
해동성국이다!
9세기 선왕 때는 우리나라 최대 영토를 확보하면서 '해동성국'이라는 별명으로 불렸어!
특히 온돌은 고구려를 계승한 독특한 문화야.
발해가 있었던 지역에는 많은 문화유산이 남아 있어.
1등
발 해
상경성 석등
영광탑
용머리
이불병좌상
돌사자상

일본 왕족이 한여름에 담비 가죽옷을 몇 벌이나 겹쳐 입은 까닭은?

여름이 시작된 6월 어느 날, 발해 사신이 일본에 도착했어요. 그를 환영하는 만찬에 일본 귀족들이 참석했지요. 그중 한 왕족은 발해 특산물인 담비 가죽옷을 몇 벌이나 겹쳐 입었어요. 발해의 담비 가죽옷이 일본에서 엄청난 명품으로 인기를 끌었기 때문이에요. 무더운 날씨에 땀을 뻘뻘 흘리면서도 그는 자신이 입은 발해의 명품 담비 가죽옷을 자랑하느라 더위도 잊었어요. 그런데 일본 왕족은 땀띠가 났을까요? 아니면…

등장인물

발해 사신

일본에 발해 사신으로 가서 발해 왕의 국서도 전하고 발해의 물품도 선물한다.

일본 왕족

발해 사신의 환영 파티장에 담비 가죽옷을 빌려 8벌이나 겹쳐 입고 나타난 허세 가득한 자칭 패션피플.

발해는 여러 교통로를 통해 주변 국가와 활발한 교류를 펼쳤어.
특히 일본도를 통해 일본과 교류했는데 일본의 왕족들은 발해의 담비 가죽을 가장 좋아했지!
발해
상경
동경
부여부
중경
서경
▲ 백두산
남경
신성
영주
1란
유주
평양
신라
당항성
등주
금성
고구려를 계승하신 우리 발해왕께서 보내신 국서를 받으시오.
발해왕을 고구려왕이라고 적어 놓았군. 과연 고구려를 계승한 나라야!
일본
당
일본에 보낸 발해왕의 국서에는 발해가 고구려를 계승했음을 분명히 했어.

50 발해 왕자가 왕건을 찾아온 까닭은?

발해 왕자인 대광현이 발해 사람들 수만 명을 이끌고 고려 태조 왕건을 찾아왔어요. 발해가 거란족의 침입으로 멸망했기 때문이에요. 고려 태조 왕건은 대광현을 따뜻하게 맞아주었고, 그에게 관직과 땅을 내려주어 편안하게 살게 했어요. 그런데 경상북도 경산시 발해 마을 주민은 대광현의 후손일까요? 아니면…

등장인물

대광현

발해 왕자. 거란에 의해 발해가 멸망하자 사람들을 이끌고 고려에 찾아왔다.

왕건

고려를 세우고 후삼국을 통일한 인물. 발해 사람들이 찾아오자 따뜻하게 맞아주었다.

거란
고려 태조 왕건은 그를 따뜻하게 맞아 주었어. 왕건은 대광현에게 '왕계'라는 이름을 내려주고 발해왕들을 제사지내도록 해 주었지.
우리들은 발해 왕족의 핏줄로 성은 '태'씨입니다. 해마다 발해왕에 대한 제사를 지냅니다.
926년 거란의 침입으로 발해는 멸망했어. 나라를 잃은 발해 사람들은 정든 고향을 떠나야 했지.
대광현 그대에게 나의 친척이라는 의미로 '왕계'라는 이름을 내리노라.
경상북도 경산시에는 이때 고려 사람으로 받아들여진 발해 후손들이 아직도 살고 있어.
발해 왕자 대광현은 발해 사람 수만 명을 이끌고 고려를 찾았어.

색칠하며 익히는
한국사 명장면 컬러링북

고조선 8조법
노비
≫ 사람을 죽이면 즉시 사형에 처한다.
≫ 남을 다치게 한 사람은 곡식으로 보상한다.
≫ 남의 물건을 훔친 사람은 노비로 삼는다.
   만약, 죄를 벗으려면 50만 전을 내야 한다.
고조선

고구려
숙신
동부여
백제
한 강
영락
가야
왜
광개토대왕릉비

중국
왜
평양성
백제
백제
사신단
사신단
백제
백제
백제
백제

당

대조영
황상
皇上
문왕
동모산
무왕
발해
발해

Foreign Copyright:
Joonwon Lee
Address: 3F, 127, Yanghwa-ro, Mapo-gu, Seoul, Republic of Korea
        3rd Floor
Telephone: 82-2-3142-4151, 82-10-4624-6629
E-mail: jwlee@cyber.co.kr

◎ 한눈에 새기는 찰칵 한국사 ❶ 선사~고대

2022. 3. 18. 초 판 1쇄 인쇄
2022. 3. 25. 초 판 1쇄 발행

지은이 | 김봉수, 김진호, 신대광, 조성래
펴낸이 | 이종춘
펴낸곳 | [BM] ㈜도서출판 **성안당**

주소 | 04032 서울시 마포구 양화로 127 첨단빌딩 3층(출판기획 R&D 센터)
       | 10881 경기도 파주시 문발로 112 파주 출판 문화도시(제작 및 물류)

전화 | 02) 3142-0036
      | 031) 950-6300
팩스 | 031) 955-0510
등록 | 1973. 2. 1. 제406-2005-000046호
출판사 홈페이지 | **www.cyber.co.kr**
ISBN | 978-89-315-5791-6(64900)
정가 | 15,800원

이 책을 만든 사람들
기획 | 최옥현
진행 · 교정 | 오영미
일러스트 | 임유영
본문 · 표지 디자인 | 앤미디어
홍보 | 김계향, 이보람, 유미나, 서세원
국제부 | 이선민, 조혜란, 권수경
마케팅 | 구본철, 차정욱, 나진호, 이동후, 강호묵
마케팅 지원 | 장상범, 박지연
제작 | 김유석

■ 도서 A/S 안내

성안당에서 발행하는 모든 도서는 저자와 출판사, 그리고 독자가 함께 만들어 나갑니다.
좋은 책을 펴내기 위해 많은 노력을 기울이고 있습니다. 혹시라도 내용상의 오류나 오탈자 등이
발견되면 **"좋은 책은 나라의 보배"**로서 우리 모두가 함께 만들어 간다는 마음으로 연락주시기
바랍니다. 수정 보완하여 더 나은 책이 되도록 최선을 다하겠습니다.
성안당은 늘 독자 여러분들의 소중한 의견을 기다리고 있습니다. 좋은 의견을 보내주시는 분께는
성안당 쇼핑몰의 포인트(3,000포인트)를 적립해 드립니다.
잘못 만들어진 책이나 부록 등이 파손된 경우에는 교환해 드립니다.